鸳鸯绣取从君看
要把金针度与人
——胡适《〈醒世姻缘传〉考证》

投资三重门

一位职业"风投"人20年的感悟

申世荣 著

东南大学出版社

·南京·

图书在版编目(CIP)数据

投资三重门:一位职业"风投"人 20 年的感悟/申世荣著. —南京:东南大学出版社,2023.10
ISBN 978-7-5766-0884-7

Ⅰ.①投… Ⅱ.①申… Ⅲ.①投资—基本知识 Ⅳ.①F830.59

中国国家版本馆 CIP 数据核字(2023)第 185469 号

投资三重门:一位职业"风投"人 20 年的感悟

著　　者:申世荣
出版发行:东南大学出版社
社　　址:南京四牌楼 2 号　邮编:210096　电话:025-83793330
网　　址:http://www.seupress.com
电子邮件:press@seupress.com
出 版 人:白云飞
经　　销:全国各地新华书店
印　　刷:南京工大印务有限公司
开　　本:700 mm×1000 mm　1/16
印　　张:13
字　　数:235 千字
版　　次:2023 年 10 月第 1 版
印　　次:2023 年 10 月第 1 次印刷
书　　号:ISBN 978-7-5766-0884-7
定　　价:85.00 元

本社图书若有印装质量问题,请直接与营销部联系。电话(传真):025-83791830
责任编辑:刘庆楚　封面设计:王玥　责任印制:周荣虎

关于作者

申世荣,海融投资创始合伙人。1990年毕业于南京大学国际商学院,获经济学硕士学位。曾担任联合证券投资银行部(上海)助理业务董事,现被南京大学聘任为"国际EMBA兼职导师"。拥有26年的投资银行和股权投资实践经验。在业内投资了锦江之星(经济型酒店领先品牌)、先临三维(齿科数字化及三维扫描领军企业、独角兽)、高华科技(高可靠型传感器与传感网络领军企业、科创板上市公司)等知名案例。

自　序

本书是我 20 年股权投资生涯的思考成果，感谢这些年投资历程中所有的合作伙伴们，尤其是以下几位企业家伙伴们对我影响力巨大。楚江新材董事长姜纯先生、锦江之星创始人徐祖荣先生、先临三维原董事长李诚先生及现任董事长李涛先生、高华科技董事长李维平先生，感恩你们在合作交往过程中的思想引领，为我创作本书提供了富饶的实践土壤。同时，我要特别感谢在本书写作过程中直接提供了灵感和协助的几位支持者，他们是：南京弘爱萨提亚教育与应用中心创始人邓小红女士，萨提亚心理学理论的学习让我对创业者及管理团队这个长期困扰我们投资人的问题，也是投资决策中至关重要的因素的认识打开了一扇新的窗户；感谢我的助理钱婷婷女士，书中大量的模型及图片设计制作均出自她手，这些图片化的模型能够使我的叙述变得简单明了；尤其要感谢东南大学出版社的刘庆楚编审，他不辞辛苦和我一起逐字逐句对书稿进行反复修订及打磨，使得拙作得以如愿与读者见面；最后还要感谢我的家人，我的妻子和女儿，她们长期不懈地支持我的投资工作，不但让我在投资事业上有了些许收获，更让我的投资思想的形成和发展有了不竭的实践源泉。值本书出版之际，谨向所有一路关心支持我的贵人们表示由衷的感谢！

  2018年秋天，我旅居伦敦，由于闲暇时间较多，我萌生了把20来年的投资（投行）生涯的经验教训和人生感悟写出来的念头。出乎我的预料，这个写作过程的艰难与困扰超乎想象。与许多理论书籍不同，投资类书籍多数是实战的心得，相当于兵法，你的实战水平限制了你的认知深度和理论高度，也限制了你的写作能力。阚治东说过："这个行业不好写，因为今天还在路上，前面还有很大未知的人和事……"。渴望展现一个真实而接地气的投资人形象，叙述一位普通投资人败多胜少的实战经历，分享20年投资历程的探索和感悟。这种对自我的接纳、开放，最终让我以《投资三重门》这部拙作与各位联结，真诚欢迎同行及专家们批评指正。

  本书写作跨越了5年的时间，我倾注了巨大的心力，其间数易其稿，请教和咨询了多位同行及各界专业人士，得到了大家的悉心指导、帮助和鼓励，这份真诚的心意激励转化成为我笔耕不辍的能量源泉。虽然我用尽了洪荒之力，但个人的局限性和实战水平有限，该书问世的同时也将留下不少遗憾和疏漏，书中观点属于个人的一孔之见，所选案例仅仅为了支持书中的重要论点，希望读者不要据此作出投资操作决定。

  与人生一样，投资的修炼既是一个不断自我突破的过程，也是一个以有限智慧追求无限自由的历程，这个历程没有止境。渴望在探索投资智慧的历程中与各位伙伴们彼此支持，相互分享，共同开启觉知的人生华章。

2023年9月于中国南京

目 录

上篇　如何看见自己：投资人素质的三个维度

第一章　投资素养　/ 003
　　一、合格投资人的基本特质　/ 003
　　二、提升投资素养的行为途径　/ 010
　　三、合格投资人行为十戒　/ 013

第二章　投资思维　/ 018
　　一、思维的主要方法　/ 018
　　二、投资思维概述　/ 021
　　三、投资人五大思维能力　/ 028

第三章　投资人性　/ 039
　　一、投资人性概述　/ 039
　　二、投资人性树　/ 043
　　三、我对投资人性修炼的理解　/ 045

中篇　如何看项目：投资三重门

第四章　企业竞争力评估　/ 055
　　一、尽职调查的现状与问题　/ 055
　　二、尽职调查的难点：财务真实性　/ 058
　　三、企业竞争力评估痛点：无形资产　/ 060

四、风控阶段的企业竞争力评估　/ 067

　　五、投后管理阶段企业竞争力再评估　/ 069

第五章　创业者及管理团队评估　/ 077

　　一、从创业者与人交流的主要模式评估其人格特质　/ 077

　　二、如何评估管理团队　/ 082

　　三、投资人评估创业者的他山之石　/ 088

第六章　企业家精神评估　/ 096

　　一、创新是企业家精神的本质特征　/ 096

　　二、企业家精神评估　/ 101

下篇　如何内在成长：投资决策模式重建

第七章　我的投资经验与教训　/ 123

　　一、我的投资经验　/ 123

　　二、我的投资教训　/ 135

第八章　投资逻辑与策略　/ 140

　　一、十大投资逻辑　/ 140

　　二、十大投资策略　/ 158

第九章　投资决策的核查与觉察　/ 175

　　一、投资决策的四种模型　/ 175

　　二、投资决策的核查模型　/ 178

　　三、投资决策的普通觉察模型　/ 181

　　四、投资人的深度觉察　/ 183

　　五、投资人性修炼历程　/ 190

主要参考书目　/ 197

上 篇

如何看见自己：投资人素质的三个维度

我认为，要成为一名合格的投资人，首先应学会向内看，也就是了解自己，真正做到对自己极其诚实其实并不容易。投资人首先是人，芸芸众生中有多少人真正了解自己呢？投资人素质包括行为、思维、人性三个维度，这三个维度既各自独立，又相互影响，构成了投资人丰富的立体画面。投资人需要从行为、思维、人性三个维度对自己进行全方位的观察和看见，了解自己是投资人一生的功课，也是做好投资的基础。

本篇分为三章，第一章投资素养，介绍合格的投资人是什么样的，如何通过提升认知能力及行为自律成为合格投资人。第二章投资思维，让读者更进一步了解投资人的所思所想及其背后的机制模式。第三章投资人性，给出了投资人性之树的模型，介绍了我对投资人性修炼的粗浅理解。

第一章

投 资 素 养

投资素养主要从认知和行为两个视角来进行描述,具体包括三个方面:一是合格投资人的基本特质,告诉读者合格投资人是什么样子的,给合格投资人画个像;二是投资人素养提升的行为途径,告诉读者投资人要做什么;三是投资人行为的戒条,告诉读者投资人不能做什么。

一、合格投资人的基本特质

其一,性情特质,适合投资

事实上,世界上大多数人的投资成绩是不及格的,甚至是惨不忍睹的。他们是不适合从事投资的,因为人类的遗传基因是以群体认同归属为主要特征,但投资恰恰是反人性的,投资者往往是寂寞的孤家寡人。沃伦·巴菲特和查理·芒格在多个场合强调,决定一个人能否成为合格投资人的关键因素不是他的智商,也不是他的经历,最重要的是他的性情。这个性情有些是先天的,有些则是后天可以培养的。结合我20年的投资经历,谈谈我对性情的理解。

第一点,他要相当独立,能够遵循自己内心的声音,而不太在乎别人的评价。在现实生活中,讨好型人格大有人在,这种人往往为了得到别人的肯定而放弃自己的观点,这种先天的人格特质是不适合做投资的。因为投资是实战,过程中往往会面临许多杂音和变化乃至诱惑,只有相当独立的人,才能够聆听并尊重自己内心的感受,这种感受与理性思考又是和谐统一的,可谓众人皆醉我独醒。

第二点,他要相当稳定平和,受情绪的影响比较小。人都是血肉之躯,都有七情六欲,不能够完全摆脱情绪的影响。但也确实存在小部分人,每遇大事有静气,他们内心稳定,能够沉着冷静,更加客观地分析和看待事物。这种性情对于投资是至关重要的,这类人有能力排除情绪对决策的干扰,这种干扰在心理学上可称之为"杏仁核劫持",能够让理性在投资决策时起到主导作用,他们的决策质量要明显高出普通人一大截。

第三点,他要相当有耐心和自律,但又非常果敢。这是一个矛盾体,但这个矛盾的性情特质如果集于一身,那么,恭喜你,你就具有宝贵的成功投资人禀赋。许多心理学研究表明,儿童时期具有延迟满足品质的孩子在成人后会取得更大的成就。股权投资是长期投资,只有具有延迟满足性情的投资人才能够最大程度分享优秀企业成长的红利,而不会被蝇头小利所诱惑。我自己的切身经历:身边的朋友通过新三板买入了一点股票,后来企业去申报IPO了,在这段IPO之旅中,不时会有负面消息报道出现,他们立即就想求助,希望即刻得到答案。即使企业通过发审后进入注册阶段,注册如果不顺利的话,也会让他们如坐针毡,不停地打听。耐心,说起来轻松,践行起来很难。

查理·芒格说:"为了不因单纯追求活跃而做蠢事,我们有很大的灵活性和一定的纪律,纪律就是为了避免你仅仅因为无法忍受无所作为而做出任何该死的事情。"[①] 自律不但是优秀投资人的基本素质,对其它行业的成功人士也同样适用。

---

① [美]特兰·格里芬.查理·芒格的原则.黄延峰,译.中信出版社,2017:143.

果敢也是投资人的重要的性情特质，只有果敢的人才能够抓住稍纵即逝的投资机会，并且敢于下重注。相反，对于那些优柔寡断的人来说，关键的时刻总是掉链子，是不适合从事投资的。

第四点，他要对自己极其诚实，能够克服侥幸与自大及假象心理。知之为知之，不知为不知，不耻下问，就是对自己在知识方面诚实的描述和概括。我们生活中有许多对自己不诚实的人，不懂装懂，故弄玄虚。这些缺点如果在一个投资人身上存在，那么内在的一些知识盲点一定会用金钱来买单。曾国藩总结打仗六字心法："结硬寨，打呆仗"，强调的就是在战争中不要有丝毫侥幸心理，不露破绽，这样就不会给敌人以可乘之机。高瓴资本张磊曾在演讲中说到："我们能不能诚实地面对自己，是作为投资人的第一个考验，这个不单是对这些年轻的学生，对于职业生涯已经非常成功的人，这个考验更巨大。"在其专著《价值》里张磊写道："这种诚实是投资人的一种勇气，能够帮助投资人克服很多心理障碍。"[1] 极其诚实还表现在能够通过复盘，对项目失败承认错误，对成功的项目要分清运气和实力的因素。

对自己诚实，在现实中，99%的人是对小我诚实，这个小我是非一致性的，与自动化的自恋和防御机制有关。从心理学角度进一步分析，人的思维存在着编码系统、假象系统、沟通系统。这些系统是在原生家庭环境下习得和养成的。这些系统存在着各种假象和错误的观念，这些假象及观念会自动化地影响我们的判断和决策，让我们以为的诚实和客观仅仅是自己（小我）的观点而已，与事实相去甚远。

第五点，对数字天生敏感，对风险的嗅觉灵敏。我们日常生活

---

[1] 张磊.价值.浙江教育出版社，2020：171.

中有些人对数字是无感的，不但记不住，而且也不会解读数字。但有些人就天生有对数字的惊人记忆和理解力，有人打牌能够记住"花人"以上所有的牌，和这样的人打牌，你的结局只有一个字"输"。还有些人对人具有很强的判别能力，对商业风险的嗅觉也非常灵敏，这样的特质是适合从事商业和投资的。

以上几个相互矛盾的性情特质共存于一人之身，基本就具备了"理性"这个最关键的特质，那么这个人是适合成为投资人的。环顾现实生活，同时兼备以上特质的人是十分稀少的，这就告诉我们，成功的投资人犹如大熊猫一般稀少和珍贵。

其二，兴趣浓厚，热爱投资

要成为一名合格的投资人，首先要喜欢商业和生意，对投资具有发自内心的喜爱。兴趣是最好的老师，你有兴趣才会肯下功夫去钻研，这样日积月累就会建立起自己在投资领域的优势。当然，兴趣也是可以逐步培养的，首要问题要解决认知上对投资的偏见。一是打工挣钱光荣，投资挣钱不靠谱，对投资人亏钱心理有窃喜的感受。二是挣钱很难，把辛苦打工挣的钱投资打了水漂，等于犯罪。三是投资是把钱的控制权交给别人，我晚上睡不着觉。四是投资人挣钱纯粹是瞎猫碰到死老鼠，靠的是运气。五是投资太高大上，不是我们普通工薪阶层玩的。六是许多创业者靠PPT融资，这里面许多是骗子……一般有问题的认知常常是以偏概全的，有上述种种偏见的人，一般与其本人成长的环境有很大关系。而且，这些根深蒂固的认知偏见，会在个人走上社会后不断得到"事件"的强化，例如借钱给亲戚朋友却不见归还，炒股亏了钱，或者得知很好的朋友投资亏了钱。为什么会这样呢？因为我们每个人一生都在做一件事：证明自己是对的。你无法叫醒一个装睡的人，当一个人把假象系统当成客观事实时，他其实是不知道自己把想法当成事实的，因为他觉得自己的认知就是事实。当我们认为什么是事实时，就会用自己的行为去证明这个所谓事实是对的，这是每一个人都有的自恋。于是，我们就被困在自己认为的所谓事实（其实是观点）中出不来，而这往往就成了影响我们一生的困局。这类人是不适合从事投资的。

兴趣是最好的老师，成为投资人最重要的前提就是热爱投资。在生活中如果你能找到一些你天生对口的事业，你的兴趣与能力适合某一类型的工作，那你可以把这一事业做到极致。举一个有趣的例子：美国有一个篮球运动员叫迈克尔·乔丹，他应该是有史以来最出色的篮球运动员、一个了不起的运动员。他的父亲过世之后，他一度非常沮丧。他放弃了篮球，去尝试另一项运动棒球，但是，乔丹是一个糟糕的棒球运动员。在这个例子中我们看到，一项体育运动最优秀的选手选择从事另一项体育运动，表现出来的只是平庸。

投资这个事情不是一个好玩的事情，而是一种反人性的工作。在行业发展处于高潮的时期，大家认为投资是个特别娱乐化、好玩的行业，很多年轻人热血沸腾地投入这个行业，把它残酷的一面忘记了。等到行业陷入低潮时，又被个别媒体夸大渲染，不少投资新人难以接受残酷的现实，被迫退出了这个行业。其实投资只是一份专业的、长期的工作，跟企业做研发没有什么区别，甚至更痛苦，压力更大。成功特别少，失败特别多，喜怒哀乐只是被媒体戏剧化的故事掩盖了。所以，合格投资人素质的第一条是在认清行业真实面目的情况下，依然热爱这份事业，坚守投资的初心，只有这样才能够在漫长的马拉松式的投资生涯中坚持下来。

其三，不忘初心，价值投资

在现实生活中，许多人对投资与投机的认知是模糊的。在此我们对投资与投机从两个维度做个简单的界定：一是凡是以购买品实际使用价值为目的或能够持续产生现金流并以此作为决策主要依据的购买行为就是投资；对于不能够产生现金流且对购买者不具有实际使用价值的购买行为，基本可以确定为投机行为。例如黄金，如果个人购买黄金饰品进行佩戴，就是投资；个人购买金条用于收藏并坐等升值，可以界定为投机。个人购买字画仅仅因为喜欢并用于鉴赏，就是投资；相反，个人收藏字画目的是坐等升值，以便将来出售获利，就是投机。个人购买住房用于自住或出租，就是投资；如果目的是坐等涨价后抛售，就是投机。个人购买股票，如果只关心股价，就是投机；如果购买股票后，关注企业基本面和长期发展前景，以企业运营实际结果而不是股价来判断该行为是否成功，就是投资。二是以持有时间的长短来划分，一般而言，我们把投资时间超过五年以上的称作长期投资，一年以下的以投机来看待。当然，在实践中，投资与投机界线模糊，并不是楚河汉界、泾渭分明的，关键在于我们的初心。只有坚守以企业内在价值作为投资的初心，才会在实践中排除许多噪声和干扰。在股市中，凡是以价格变动为研究对象的各种理论，包括波浪理论、量化对冲等等，本质上都是属于投机的初心。而研究重点集中于关注企业基本面及运营的好坏来作为投资决策依据的就是价值投资的初心。从长期来看，全世界大多数长期成功的投资人都是价值投资的忠实信徒。

其四，以人为本，连接投资

投资就是投人。越是优秀的投资人，对人具有很好的识别及判断能力，而且由于自身具有良好的声誉和较高的社会知名度，越具有获取优质项目的能力。当然这种能力也是日积月累形成的，作为一名刚入行的投资人要有意识学习识别人、连接人的能力。下面介绍我的具体做法和经验。

一是少些低效强连接，多些高效弱连接。投资人也是人，总是喜欢和气味相投之人待在一起。但事实上这些强连接的关系，除非是精心挑选的，一般而言，同学、同乡等知识背景相近、性格相似，久而久之并不能得到高质量的信息，对投资也帮助不大。一些弱连接关系，由于知识互补、人脉交叉、性格不同，在关键时刻反而能对你投资事业有所助益。我的投资项目来源就不止一次受益于弱连接。

二是根据自身专业背景对特定行业做深入细致和前瞻性研究。作为一名合格的投资人既要有较宽广的知识面，但更要有自己深度研究过的一亩三分地。只有对特定的细分领域有深入和前瞻性的研究，才有可能按图索骥去寻找心仪的创业者，也才能够第一次和创业者见面就能够聊得深入而投机，从而为下一步的连接乃至合作打下坚实的基础。

三是有效利用各种资源，建立投资人脉圈。股权投资的对象都是非上市公司，甚至也不是公众公司，要获得这些潜在标的的联系方式是有相当难度的。但也是有方法和路径来接触到这些创业者的，包括校友圈、行业会议圈、项目路演圈、朋友圈、读书会、项目评审会等等。一名优秀的投资人某种意义上也是一名出色的社会活动家，美国风险投资之王 KPCB 的合伙人约翰·杜尔的交际能力令人难以置信。他有五个电话号码、两部手机、一个双向寻呼机和两台笔记本电脑与别人保持联系。有时他把手机耳脉塞到头盔中，一边在阿斯彭（Aspen）滑雪，一边与他的"系列"成员（他用这个词汇来描述他和合作伙伴投资的公司形成的紧密联盟）通话。

四是注重培养连接的关键能力。股权投资是建立在与企业家连接基础上的，投资人要加强心性修养，做个内心平和稳定的人，这样的特质是有助于与人形成深度连接关系的。同时，作为股权投资对象的企业家最希望能够得到投资人实实在在的帮助，包括市场渠道对接，相关研发资源对接，关键人才对接等等。投资人如果具有很强的资源连接能力，无疑会大大增强其投资的竞争力。

二、提升投资素养的行为途径

风险投资不但进入门槛高,而且成功壁垒更高。由于投资人工作主要是面向未来,寻找优秀的创新者和企业家,这种对未来产业趋势的洞察和对创业者的选择必须建立在投资者自身过硬的素质基础上,这就要求投资人要养成长期坚持学习的良好习惯。学习既包括广泛地阅读经济、产业、科技、历史、哲学、心理、投资等书籍,也包括通过与众多的创业者交流得到的最新前沿信息和知识,还包括通过投资实战积累的经验教训。和君咨询创始人王明夫经常在演讲时强调投资人的两点:第一,它是复合式的知识结构,不是单个领域或专业的知识;第二,丁字型知识结构,丁字的一横,代表你的知识面,要足够宽、足够广博;丁字的一竖,代表你的专业,要足够专、足够纵深。一名合格投资人的基本要求是每年走访 50 家以上企业,看 30 本以上的书籍,研读 10 份招股说明书,跟踪学习 5 个已投资案例,投资一到两个项目。读书、实践、生活是构建多渠道吸收知识营养的路径,也是优秀投资人的底层操作系统。

投资人工作最大的特点就是时刻面对不确定性,并且要做出接近客观事实的投资决策,独立思考是做出这种高难度决策的前提要求。

独立思考是股权投资人的最核心素质,价值投资之父本杰明·格雷厄姆曾经说过,要想在投资领域取得成功,必须具备两个条件:"第一,正确思考,第二,独立思考"。根据我 20 年的股权投资经历,把这种独立思考能力的培养概括为"十少十多":

1. 少看即时新闻,多读财经历史

即时新闻这种每个人每天都唾手可得的消息,仅仅告诉你发生了什么,然后会在普罗大众中发酵,随之而来人性的弱点也会引爆,产生一些心理上的放大效应。普通人这样做无可厚非，投资人这样做则有害无益。投资人应该多花时间阅读财经及企业历史，读过财经及企业历史较多的人，总能从历史上找到同样的事件，以及这个事件后面真实的历史演进，从而能发现一些深藏在事件后面的规律性东西。

2. 少些道听途说，多和业内资深人士交流

投资人是寂寞的也是孤独的，投资人不要盲目相信一些小道消息，而是要与业内资深人士相处和交流，业内人士既包括投资界，更主要指产业界专业人士。由于各投资人想法不一，有的想一年，有的想五年，有的想十年，对同一个项目看法会有很大差别。而你要真正了解这个项目就应该主动向产业界资深人士咨询，这样你得到的是硬知识，至少是一些有价值的信息，而不是一些似是而非的观点。

3. 少关注即时动态信息，多研究长期发展趋势

作为股权投资，在项目投资完成后，就会有估值的升降、财务信息等即期的动态信息。如果把主要注意力放在这上面，引起不必要的心理波动和纠结，对着眼于长期的股权投资人来说并无多少帮助。投资人应该多花时间去潜心研究公司的基本面等本质趋势信息、行业趋势、竞争对手情况，这些本质信息往往揭示了公司长远发展前景。

4. 少凑会议热闹，多些独处研究

中国是会议大国，各种思想潮流、新兴产业动向（所谓"风口"）都通过会议鼓噪和宣传。如果投资人被会议（思潮）牵着走，有时就会把会议上宣传的新经济蓝图当成现实或即将爆发的前景。但事实上，会议上传播的很多信息与现实有相当的距离，并不能作为投资决策的依据。成熟的投资人应多些时间独处，多些时间深入思考，多些冷眼旁观。

5. 少些碎片信息，多些深度阅读

由于微信等即时通讯工具的发达，碎片化信息充斥着手机，但其质量是堪忧的。如果在碎片信息上消耗过多的时间，则很难静下心来阅读一些高质量的深度报告和专业书籍，而这些深度报告和专业书籍的阅读却是我们投资人的基本功。无论是初步发现可投资标的，还是去企业做深度访谈，都需要提前掌握大量的背景知识，做足功课，这样才会腹中有"书"气自华。

6. 少些短期宏观分析，多些个案研究

由于宏观数据是公开的，几乎唾手可得，使得一些投资人热衷于宏观分析。尤其是短期的宏观分析和预测不但对长期投资无益，甚至会造成干扰。就同查理·芒格所言，"宏观分析不会让你挣一分钱"，沃伦·巴菲特多次在股东会上说道：我们将继续忽略政治和经济预测，这对大多数投资者和商人来说都是一个昂贵的娱乐。言下之意，宏观分析对股权投资者几乎无直接帮助。投资人要把时间多放在个案研究上，这些个案信息搜集要费更多力气，但如果能够做深入的研究，这些个案研究会在某天帮你大忙。

7. 少些过度外推，多些质疑推敲

投资人很容易犯的一个错误，就是对公司的成长犯过度外推的错误。一家企业在过去三年连续以50%的速度增长，这会诱导很多投资人想当然地认为，后面几年还会有这样的成长速度。有时候，经过深入研究后发现，该公司的成长或许已到强弩之末。

8. 少些闭门造车，多些实地访谈

有些投资经理写尽职调查报告，喜欢走捷径，主要工作是坐在电脑前，搜索下载大量二手资料，然后闭门造车。且不说这些二手材料的具体质量如何，大都是似是而非的观点，甚至存在误导，如果现场调研再匆匆走过场，尽调报告质量可想而知，这份报告如打分可能连 50 分都达不到。当然，实地调研不但有门槛，而且会遇到冷脸，但这正是考验投资经理功力的重要环节。

9. 少羡慕成功一将，多想想累累白骨

许多刚出道的投资人，会听到这个行业的传奇，如腾讯最早投资人收益千倍，小米天使投资人收益百倍等神话般的案例。但是这些成功个案的背后却是累累白骨，有无数投资人失败的案例。早期项目的成功率甚至是以千为分母的。所以无论做什么投资，请记住沃伦·巴菲特的名言：第一条，请不要亏损，第二条，请记住第一条。

10. 少人云亦云，多逆向思考

做投资，如果大家都看好，那么投资对象的价格一定会高高在上，这时你挤进去，可能接的是最后一棒。相反，在大家都不看好的情况下，其价格肯定也不会太高。此时投资人如独具慧眼，进行逆向投资，如果将来企业发展壮大，这样的投资回报往往惊人。

三、合格投资人行为十戒

投资人不但要知道自己要做什么，更要知道不能做什么。根据我 20 年的投资经历，总结出风险投资人的十大戒律，这些戒律主要就是针对投资人性情层面存在现象的反思。

一戒乱枪打鸟。我们许多普通人在经历了多年的学习积累和职场磨炼后，才会在工作上取得一点成绩。但他们中许多人对待投资的态度却随意得多，很多散户在只有少得可怜的知识准备前提下就匆匆进入股市。与此情况大致相同，一些刚入行或转型的"菜鸟"投资人，自己做实业或贸易有了些积累后，希望尝试做些股权投资。但对股权投资一知半解，既不做深入的行业研究，也不对投资对象做详尽的尽职调查，只根据一些简单的沟通或材料，就匆忙做出投资决定。这种缺乏对投资敬畏之心的态度其后果可想而知，这种投资就如同散户在股票市场上追涨杀跌一样，乱枪打鸟，亏损累累是早就注定的。

二戒追风口。一些二级市场投资人喜欢炒概念，而一级市场上不少投资人则热衷于追风口、赌赛道。远的有互联网热，近的有共享单车热、互联网金融热，等等。盲目追风口效果如一阵风，使得风口泡沫迅速增大，最后结果往往一地鸡毛。追风口从心理学上分析，往往是一些内心缺乏自信、急于追求群体认同的投资人，追风口可以让他们在心理上获得群体认同感受，进而避免被群体抛弃的孤独感。

三戒情人眼里出西施。一些投资人因为喜欢创业者，从而让情感因素成为投资决策的主要考量，这对职业投资人而言是兵家大忌。更普遍的情况就是，投资人在投资了创业企业后，感情因素逐渐替代了理性考量，对企业风险隐患进行选择性忽视。一旦投资企业资质不佳，往往会让投资人失去难得的退出窗口期或减少损失的机会。

四戒好大喜功。我们看到国内一些投资人入行时间不长，投资了阶段性发展不错的项目，就到处吹嘘。这种"捧杀"不但对自身无益，对创业者也是非常有害的。投资人的吹捧让这些创业者过早地飘飘然，自我感觉良好，对企业的估值预期脱离了实际。投资界对某些独角兽有个形象的比喻："猪鼻子上插根葱，是装的。"

五戒因小失大。有些做小型工厂、工程、贸易出身的投资人，把过去的商业习惯带到投资上来，经常为一毛二毛的差价和创业者产生分歧，导致与投资项目擦肩而过。为了省下几十万，最后却丢了几千万。孙正义至今最后悔的就是没有投资亚马逊，他在公开场合多次说道："这是我的错啊，我一个很大的错。我曾经和杰夫·贝佐斯,一对一,面对面谈过。我出价1亿美元收购亚马逊30%的股份,但杰夫坚持1.3亿。就因为这3 000万美元,我们没谈拢,我错过了亚马逊。今天亚马逊的市值是9 000亿美元,当年30%的股份就是2 000亿(考虑到经过多轮融资后持股比例下降)。我因为3 000万美元,而错过了2 000亿美元。我没有投资他,我犯了一个大错。"

六戒心浮气躁。理性是投资人最关键的素质。但是许多投资人心浮气躁,经常犯些低级错误。表现为对项目一知半解就匆忙下结论;对投资项目的成长期待不切实际,一夜暴富心态作祟;对已投资项目出现些短期的困难,又表现得无所适从,唉声叹气;等等。许多愚蠢的投资决定都是在心浮气躁的情况下做出的,要避免愚蠢,就要设法戒除在心浮气躁情况下作决策。

心浮气躁还经常表现为情绪失控,乐观时过于激进,一些投资人为了追逐所谓的PRE-IPO(上市前股权投资)项目,竞相抬价,使得被投企业估值泡沫巨大,这样的投资标的即使上市了,投资人依然亏损。而一旦已经投资的企业出现了一些问题,短期内难以上市,立刻又悲上心头,惊慌失措,甚至不顾协议约定,要求实际控制人立即启动回购。沃伦·巴菲特对这种现象打了个比喻:当你掉进了一个坑里,你不断地挖坑,结果坑越挖越深。情绪失控非但不能解决问题,只会使问题越来越严重,最后陷入亏损的泥潭而无法自拔。

七戒求全责备。一些投资人对初创企业求全责备,往往因为看到不少问题而放弃投资。对于早期项目来说,不是要求企业短板很少,而要看其长板是否足够长,只要有足够的亮点就值得投资。存在的非本质问题会在发展中逐步解决,正所谓瑕不掩瑜。

八戒重投轻退。最终检验投资人成果的是退出。由于退出的复杂性和高难度,许多投资人在投资时对退出的困难估计不足,导致一些所谓 IPO（首次公开募股）项目在终止后，退出成了大问题。据粗略估计，许多股权基金到期时，DPI（投入资本收益率）小于1，LP（有限合伙人）的投资本金都没有收回，这种情况并不鲜见，可见投资退出的不易。

一个成熟的投资人内心必须高度重视对平庸及糟糕项目的退出处置，因为，在股权投资人的案例篮子里，平庸和糟糕的项目占大多数。如何妥善处理这些不良资产，是非常考验投资人的道德水准与意志品质的。作为在投资行业摸爬滚打了 20 年的过来人，我切身的感受就是面对和处理这些不良资产时，与实际控制人及其他投资人往往经历多方博弈，内心体验的彷徨、煎熬与挣扎，至今记忆犹新，但收回投资后内心的丰富体验与成长是实在而真切的。只有过了处理好不良资产这一关，股权投资人才会真正成熟起来。

九戒盲目自信。投资者几乎普遍存在过度自信。2012 年，一家大型的基金集团发表了一项调查数据，表明其 91% 的主动投资者认为：来年他们会跑赢大盘，或至少跟市场平均回报持平。当然，这在概率上是不可能的。国内投资人队伍里充斥了大量假自信的人，这种假自信表现为：喜欢把沃伦·巴菲特的价值投资挂在嘴上，其实却一知半解；投资涉及行业过多，投资阶段跨度过大；入行时间不长，但风格激进；自己都没有创过业，但到处以创业导师自居；喜欢谈情怀和赋能，实际投资成绩平平甚至糟糕。这种假自信对于投资而言是非常危险和有害的，查理·芒格曾多次指出，"意识到自己的局限性，在做重要决定时不超越自己的能力圈，并且避免做太难的决定，这样自然会更有信心。假自信有多危险，真自信就有多珍贵。"[①] 总之，投资也是人生的一场修行，只有经历过炼狱般失败

---

① [美]特兰·格里芬.查理·芒格的原则.黄延峰,译.中信出版社,2017：155.

项目的考验，并拥有数个成功案例的投资人，其表现出来的自信才是由内而外的，更是弥足珍贵的。

十戒沽名钓誉。国内投资圈比较浮躁，投资行业变得娱乐化。过往几年创投的娱乐化是特别有趣的现象，很多投资人变成了网红，主要的时间花在做公共关系、出席各种活动、各种娱乐节目上。具体表现为：一是喜欢参加各种节目、论坛和所谓的最佳投资人排名，到处演讲，包装成所谓的"大V"，这边去忽悠LP，那边去忽悠创业者；二是用浮盈的估值来计算IRR（内部收益率），以此作为业绩依据到处吹嘘。事实上，这些带有很多对赌条款的估值是有相当水份的，与最后退出的实际回报相去甚远。三是对外夸大管理资产规模。许多投资机构相互间盲目攀比规模，把承诺的规模当作实际的规模对外发布。这些沽名钓誉的投资人无非是想多吸引些LP，把自己盘子迅速做大，从而坐享管理费收益而已。这种沽名钓誉也是不诚信的一种表现形式，这样的投资人其实是很难走远的。

第二章

投 资 思 维

投资作为一项决策的工作，既有科学认知的成份，也受到思维方式和心理活动的巨大影响。因此，去深入探究投资人的思维方式，对于解开投资决策的本来面目，提升投资人的思维能力，无疑大有裨益。

一、思维的主要方法

思维方法总体上可以划分为分析性思维和弹性思维。分析性思维主要来自左脑，是一种自上而下的思维，具体包括归因、推理、类比等等。而弹性思维主要来自右脑，具体包括直觉、涌现、想象、顿悟等等。下面介绍主要的几种思维方法。

分析性思维的好处是对过去的资料和数据进行整理，并依据过去的经验来进行推理，但缺点是占有信息有限导致以偏概全，尤其是容易犯经验主义错误。

归因：归因的方法是把事物拆分后通过推导，得出因果关系和规律。这个方法在大多数自然科学领域取得了巨大的成功。归因的方法认为这个世界是可知的且可预测的，但对于投资来说，归因的方法却面临着巨大的挑战。科学研究表明，世界更多呈现的是相关关系，而较少是因果关系。因此，训练投资思维首先要对归因思维方法的局限性有着清醒的认知。

推理：推理是我们工作和学习的一个基本逻辑方法。通过事情的因果关系和重复性，让我们知道 A 从而推导到 B。投资人在进行项目分析时，经常应用大量的推理。有过创业经验的人，他再次创业面对困难时推理其处理能力会有所提高；有过大企业管理经历的人，推理其创业时管理能力应该不是短板。但投资人在推理时也有很大的局限性，首先你知道的 A 未必是真相，导致你推理的 B 就未必会出现。其次推理也是假定不存在其他干扰因素的，但事实上其他的干扰因素经常会不期而至，导致你推导的结果就不会出现。再次，有些投资人会犯过度外推的错误，一些创业企业在投前一段时间保持了 50% 甚至 100% 的增长速度，一些投资人因此简单外推，想当然地认为后面几年还会保持这样的增长速度。

类比：投资人的大脑像一个数据库，在碰到类似的案例时，大脑会自动进行类比，既包括与好的案例做类比，也包括与不好的案例做类比。资深投资人的优势就在于大脑案例库和社会经验比较丰富，所以会经常自觉或不自觉地运用类比。人不会两次踏进同一条河流，同理，面对风险时，人类会运用类比的思维方法，在第二次接近河流时，已经有了自我保护意识。类比有个通俗的说法就是经验主义，经验主义在解决简单操作问题时具有明显优势，但在面对复杂的投资决策时，有时反而成为束缚思维的框框。

预测：分析思维的目的就是利用掌握的证据来预测未来，对于简单问题，预测是有效并可取的。但由于现实投资世界的复杂性，我们掌握的信息极其有限，导致社会及投资领域许多预测成为笑谈。

弹性思维是一种自下而上的思维，往往来自于大脑在放松状态下开启的默认模式，这种默认模式才是洞察力的来源，洞察力则是顶级投资人最核心的能力。

直觉：人们在遇到许多事情及对人的第一印象时，第一反应和判断就是直觉。直觉并不能用理性思维来推理和分析，因为直觉是由大脑弹性思维来支配的。直觉是非常宝贵的，多数情况下能够被下一步的理性思维所验证。当然，直觉又因为有时难以被当时的理性思维所接纳，有时难以逃脱被忽略的命运。

涌现：涌现的理论方法近年来才慢慢被大家所知道和接受，涌现理论的主要奠基人约翰·霍兰在《涌现：从混沌到有序》一书中这样描述"涌现现象"：在复杂的自适应系统中，但凡一个系统中个体间的简单互动行为所造就无法预知的复杂样态的现象，就是涌现现象。涌现现象在现实中俯拾皆是，比如蚂蚁社群、神经网络、免疫系统、互联网乃至世界经济等等。涌现理论本质上认为世界是不可知、不可测的。涌现理论多应用于社会科学。其基本逻辑是，在一个开放复杂的系统中，参数和变量太多，存在很多的随机扰动。即使我们知道所有的微观细节，由于系统变量之间的相互作用和关系，也让我们无法预测系统未来的变化特征。

在二级市场上的指数投资，在一级市场上的母基金，本质上的底层逻辑就是涌现理论。从我个人20年投资经验来看，涌现理论能够解释大多数股权投资现象。就我自己投资的案例来看，企业成长结果大多数不符合预期。

《孙膑兵法》中讲的"法无定法，式无定式。因时利导，兆于变化"，说的就是对于战斗过程这个复杂系统的不可预测性，唯一可以做的就是根据战场的实际情况进行适时调整。对于股权投资尤其是早期投资而言，投资人一定要明白结果的不可预知性，只能是抓大放小，寻求模糊的正确方向。

想象：想象也是我们人类的思维工具之一，中国古代的嫦娥奔月就是想象的经典。在现实生活中，想象可谓无处不在。对于风险投资而言，某种意义上，投资人是为想象买单的。想象符合或接近实际，投资人就会有所回报。想象与结果不符甚至大相径庭，投资人就会亏损甚至血本无归。对于风险投资人来说，尤其是对早期投资，想象是必须的，但又是有约束和边界的。为此，投资人的想象至少要做到如下几点：一是想象要建立在科学理性的分析基础上，投资人在接触到感兴趣的项目后，一定会产生好的想象。此时，就需要用进一步的调查研究来支撑或佐证。二是要有逆向思维。对于美好的想象，要多从反面来进行质疑和推敲，这样可能会推翻想象，也可能会进一步支持想象。三是验证。风险投资从接触到完成投资一般会有半年左右甚至更长的周期，投资人要充分利用这宝贵的间隔期，来验证想象。如果这期间的实际结果和想象接近甚至超出想象，就会为投资决策增加砝码。相反，实际呈现的结果与想象有很大出入，就要考虑刹车，或者终止谈判和接触。

顿悟：我们投资人在做决策时经常面临着信息匮乏和经验过时的问题，尤其是早期项目以及对创业者的判断，很难用逻辑的方法得到答案。此时，需要开启右脑默认模式，激发出洞察力，把杂乱的信息进行整合，最后突然得到的顿悟灵感，可能就是最珍贵的决策依据。

二、投资思维概述

本节将从投资思维的特点、思维能力模型、提升投资思维能力的日常行为，以及摈弃负面思维几个方面来分别叙述。

1. 投资思维的特点

投资思维指投资人运用各种知识信息对投资标的进行理性分析判断，并在此基础上进行投资决策的过程。与其他诸如工程技术或日常生活中事情的思考方式不同，投资思维具有如下特点：

(1) 信息的不完备性。无论是一级市场投资，还是二级市场投资，投资人掌握的信息都是有限的，也是不全面的，甚至是滞后的。投资人的思维能力体现为：在不充分的信息里，如何抓住关键有效的信息，用于指导投资决策。

(2) 思维方法的适配性。我们人类基本的思维方法包括分析思维和弹性思维，二者既有自身的优势，也都存在局限性。对于有一定规模的企业分析思维会占主导，而对于天使项目，主要是对创业者本身人的判断，那么弹性思维会起重要作用。或者对机遇很大但风险也极大的项目，分析思维就会遇到天花板，而弹性思维就起主导作用。

(3) 投资经验的局限性。理性思维一个重要特征就是对投资人过往经验的依赖，这固然有可取之处，但有时也容易掉进经验的陷阱里。世界上没有两片完全相同的树叶，同样也没有两个完全相同的创业项目或创业者，但人类思维往往对过往经验高度依赖，从而误导了投资决策。

(4) 投资决策是面向未来的。投资决策往往是在有限信息下，面向未来做的决策。而未来的环境要素是不断变化的，包括市场环境、竞争对手及创业者也是不断演变和成长的，所以投资决策的不确定性特征是难以避免的。

2. 思维能力模型

投资人最核心的能力就是深度思考能力，这种深度思考能力在许多投资大师那里用各自的思维模型来表述。其中被沃伦·巴菲特特别推崇的是霍华德·马克斯的"第二层次思维"：第一层次思维单纯而肤浅，几乎人人都能做到；第二层次思维深邃、复杂而迂回。第二层次思维要考虑很多东西，比如：

未来可能出现的结果会在什么范围之内？

我认为会出现什么样的结果？

我正确的概率有多大？

人们的共识是什么？

我的预期与人们的共识有多大差异？

资产的当前价格与大众所认为的未来价格以及我认为的未来价格相符的程度如何？

价格中所反映的共识心理是过于乐观，还是过于悲观？

如果大众的看法是正确的，资产价格将会发生怎样的改变？如果我是正确的，资产价格又会怎样？

虽然霍华德·马克斯的第二层次思维主要是针对二级市场而言的，但对于一级市场是同样适用的。

股权投资中第一层次思维包括：短期思维，单一产业投资视角，国内企业竞争视角，单一市场认知视角，静态思维……第二层次思维包括长期思维，跨学科思维，跨行业的宏观投资视角，全球产业链合作与竞争视角，全球的一二级市场贯通的认知，动态思维……

在股权投资中，我们也必须拥有第二层次思维，才能对企业的竞争力有着更接近实际的评估，对投资时企业资产的内在价值有更清醒和合理的判断，对退出的时机和价格才会有更好的把握。

关于投资人思维模型论述最著名的莫过于沃伦·巴菲特的合伙人、投资大师查理·芒格所述的多元思维模型。关于多元思维模型，查理·芒格在多次演讲中进行了阐述：

其一，简化任务。最佳方法是先解决那些答案显而易见的大问题。这样会一举两得，先解决容易的，又解决大的方向，就如同进迷宫，先把第一个较容易的大门走对。

其二，认识到数学在分析判断问题中的重要性。查理·芒格比喻不懂数学的人，就像一个参加踢屁股比赛中的独腿人。因为运用在投资分析中的逻辑推理、归因、相关、涌现等，本质上都是数学的方法。

其三，要有反面思考，也可以称之为逆向思考。很多问题仅仅通过正面思考是无法找到真正答案的，必须学会逆向思考。查理·芒格有句著名的口头禅："要反过来想"。

其四，要有跨学科的思考方式。多元思维很重要的一个方面就是必须掌握跨学科的知识背景。否则，狭窄的专业眼光就会伴随偏执的认知，让你对很多问题远离真正的答案。就如同那句谚语所揭示的心理缺陷："在拿铁锤的人看来，每个问题都像钉子"。

其五，注意多因素的相互作用的重要性。现实世界的复杂往往超出了简单的单一归因，涌现理论更能揭示多因素交织的复杂世界。因此，分析判断问题要注意多因素甚至未知因素的相互作用。

查理·芒格的多元思维模型可以说是投资人必须具备的核心素质，对于股权投资人来说，具备跨学科知识背景，大量阅读各类书籍，具有丰富的实战经验，才能够在投资实践中逐步掌握多元思维方法，进而形成自己的投资逻辑框架和投资策略。

3. 提升投资思维能力的日常习惯

一位先哲曾经说过："习惯是人生的伟大杠杆"。要培养多元思维模型，必须从生活中的各种习惯做起。

首先，要养成独立思考的习惯

投资人中的优秀分子内心一定是孤独寂寞的，独立思考是其跻身优秀投资人行列的入场券。只有独立思考，才能逐渐形成自己的投资逻辑框架，才有可能成为战胜市场的少数人。

其二，要培养大量阅读的习惯

阅读就如同吃饭一样，短期看不出明显的效果，但长期来看，阅读会滋养你的心灵和大脑。只有大脑储备了足够多的知识时，等到冥冥中那个项目出现时，你的大脑就会有反应，然后你才会行动，才有可能抓住这个转瞬即逝的投资机会。同时，阅读中尤其要注意跨学科，哲学、科技、产业、心理学、文学、历史，各有各的营养，宽泛大量的阅读会有助于形成多元思维模型。

其三，寻找良师益友

查理·芒格在接受采访时说道："生活中在认知方面有良好的表现，却认为没有什么值得信赖的人可以交流，这种人我几乎没有听说过。"沃伦·巴菲特称他的这位搭档是"爱唱反调的可恶之人"，因为他对某项特定投资的回答常常是"不行"。虽然你可能没有像查理·芒格这样一个好的合作伙伴作为同事，但身边也会有一群你信得过的且在各个领域富有经验的人，可以说，他们是无价之宝。沃伦·巴菲特与查理·芒格相互是良师益友的经典代表，缺少一人，他们的各自的投资成就可能也会大打折扣。

此外，成长投资大师费雪的"闲聊"，就是指要找到靠谱的益友进行交流，这种有益的交流会对投资认知的提升有很大的帮助。

其四，从社会实践和投资实战中汲取营养

大量阅读会积累知识，但只有理论和实践结合，通过实战，最后沉淀的才是智慧，智慧才是多元思维模型的结晶。因此，投资人要多和产业界专业人士接触，多跑企业，多观察日常生活，多留意并拥抱新变化和新趋势，从而积累许多感性的和当下的信息。当然，最重要的还要从实战尤其从失败案例中学习，作为风险投资人，失败的案例是其投资生涯必修课。失败的经历更让投资人刻骨铭心，才会用心总结反思，这些失败的教训也是构建多元思维模型的必要养分。

其五，定期复盘并整理投资心得

投资人还有一个必修课就是复盘，也就是对已经投资的或错过的项目定期进行复盘。这样做的好处显而易见，回头来看当时哪些归因是错的，哪些推理是有问题的，哪些后来的变化是被忽略的，哪些假定的条件是变化了的，这种复盘就会让你从一个归因方法论者慢慢过渡到涌现方法论者上。而且，我建议把这些复盘的东西整理下来，过一段时间，拿出来再复盘，你会进一步发现新的问题。长期坚持复盘，你就会感受到人的渺小、投资的复杂、世界的"不可知"。沃伦·巴菲特每年致股东的信就是复盘整理的最好作品。

其六，注重并训练弹性思维

投资人必须养成重视开启弹性思维的习惯，因为弹性思维是创造性思维的前提，也是打开洞察力大门的钥匙。因此，投资人要定期让自己处于放松状态，尤其在投资决策前，要有意识地把项目搁置一段时间，给自己放个假，换个轻松的环境，做冥想或正念练习，这样就有可能触发并开启弹性思维。我个人在面对重大决策或处理复杂问题时，习惯性停摆一段时间，一般会在凌晨5点到6点时，开启默认模式，运用弹性思维对项目反复斟酌，然后再下决心。

4. 觉察并摈弃负面思维模式

负面思维对投资是非常有害的，投资人需要觉察自己的负面思维模式，负面思维具体表现如下：

一是非黑即白。许多人对世界的认知停留在非黑即白阶段。例如把幸福与金钱对立的二元思维，其实幸福与金钱很多时候是统一的，对立只是在特定情况下发生。对投资人而言追求成功首先带来金钱上的满足，在此基础上追求更大的成功，产生事业上的成就感，从而带来幸福的美好体验。二元思维刻意把复杂世界简单化，这种思维方法用在投资上其害处是显而易见的，对创业者进行简单划分：好的和不好的。他们忘了创业者也是普通人，也有普通人的人性。这种非黑即白的简单思维，不利于与创业者达成合作，即使达成了，后面相处久了，发现问题多了，又会180°大转弯，与创业者闹掰。

二是以偏概全。简单思维者喜欢贴标签，对事物判断常常以偏概全。例如对某个地区的某个人有成见，导致对整个地区的人进行否认，具体表现为种族歧视、有色人种歧视等等。例如前几年出现的个别疫苗企业造假，结果却导致其他疫苗企业股价跟着下跌，这其实就是典型的以偏概全，造假企业被淘汰出局，对同行业其他企业来说应该是有利的，以偏概全的思路恰恰搞反了。

三是简单联想。联想思维方法本身无所谓好坏，关键是要学会正确运用。世界上没有两片完全相同的树叶。简单思维者大脑中数据库很小，案例很少，所以经常做不恰当的联想，把熟悉和能力混为一谈。例如一个人乘坐飞机的次数很多，并不代表他很了解航空业，更不意味着这个人可以成为投资航空业的投资者。经常玩微信并不会让你有投资新创立的社交媒体公司的资格。

四是目光短浅。许多投资人对企业的评判局限于即期的财务数据上，只要即期的财务数据不好，二级市场的部分投资人大脑下意识地作出决定：出逃。但事实上，这些业绩下滑的企业中，有些属于短期因素造成的，例如公司加大研发投入的影响，企业长期看仍然具有良好的投资价值。企业的发展往往是波浪式前进的，不存在一路高歌猛进的企业；如果说有，造假的企业就藏身其中了。

五是主次不分。一些投资人对企业发展中出现的问题，不能够分清主次，也难以抓住主要矛盾。往往对一些无足轻重的小问题反应过度，相反对一些重大潜在风险却无动于衷，这两种情况都会导致不好的投资结果。简单思维者往往用放大镜看问题，他们不明白创业者也是普通人，身上肯定有许多问题，早期创业公司甚至问题成堆，吹毛求疵式的思维实际上是无法做风险投资的。

六是因循守旧。简单思维一个重要特征就是因循守旧。许多投资人在取得一点成就后，会变得故步自封和因循守旧，这在很多专业领域也存在同样情况。许多领域成名专家的判断与事实存在很大出入，2014年美国的一项研究10年来数万名入院患者的记录，结果发现，当那些顶级医生不在医院时，高风险急症患者30天的死亡率反而下降了三分之一。投资领域中许多人的成名案例并不是在经验非常丰富时出现的，相反，许多投资名人却因为因循守旧而导致被淘汰出局的消息却时有耳闻。

不可否认，杰出投资人的思维模型与其先天的特质有相当的关联。对于普通投资人来说，我们要做的是通过长期的实战来进行思维训练，包括从成功投资案例中汲取营养，从失败案例中总结出教训，不断循环往复，融会贯通。只有成功地掌握了多元思维模型后，投资的胜率才有可能稳步提高。日积月累，掌握了多元思维模型的投资人才会脱颖而出，逐步成为合格乃至优秀的投资人。

三、投资人五大思维能力

人的思维方式具有一定的先天因素，但后天的训练也有很大的作用，后天的训练未必会让你成为最优秀的投资人，但是可以让你避免成为最差的投资人。结合个人经验，我把优秀投资人的主要思维特质概括为五大能力，旨在给投资人的思维修炼指明方向。

1. 系统性思维

系统性思维是相对于线性思维来说的，它有如下特点：

（1）系统性思维是开放的、相互关联的，不是简单的归因或推演，不是A→B，或B→C，而是A = B + C等等，要考虑A、B、C间的相互影响，以右图表示：

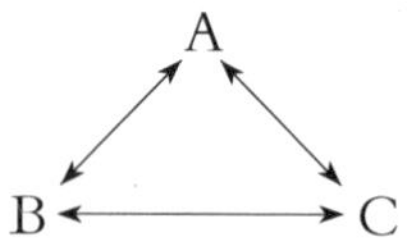

（2）系统性思维是立体的，投资最重要的是需要有立体思维，而不是盲人摸象。大部分人的

图 2-1

思维是平面且单一的,就业务说业务,就技术说技术,就财务说财务。其实,投资需要立体思维,你要对企业有全面的理解。企业的构成要素不仅是技术和财务,还覆盖无形资产、公司治理、企业文化、组织体系等等,更要研判企业家精神这个至关重要的核心因素。借用"一花一世界"这句禅语,"一企一宇宙"就是对企业这个复杂系统的认知和诠释。

(3) 系统性思维是弹性的、动态的。系统性思维对问题的认识保持一定的灰度和弹性,大脑中固有的条条框框较少,能够用发展的眼光看问题。任正非在公司内部会议上多次强调:"不能依据不同的时间、空间,掌握一定的灰度,就难以有合理的审时度势的正确决策。"

(4) 系统性思维是开放的。开放式思维对于任何职业来说都是极其有效且富有意义的,对于股权投资而言,开放式思维体现在如下几个方面:一是跨时代思维,股权投资人需要掌握科学的历史观,以史为鉴,展望未来。跨时代思维还体现在要交不同年龄层次的朋友,年轻人对新生事物的看法可能更符合未来的趋势。二是跨国界思维,我们许多创业企业和产业事件,几乎都可以在发达国家中找到先行者,这样就可以对这个项目的发展轨迹有个大致的判断。三是跨行业思维,投资需要运用跨行业的背景知识来对项目进行研判,包括机会成本、估值水平等等,横向比较有助于提高投资的效率和提升收益水平。四是跨界思维。跨界思维主要表现为通过其他事物的体验,触发投资上的感悟。例如篮球比赛中的防守反击与投资道理就是相通的,只有自己少失分,才有助于赢得比赛胜利。投资首先要尽量避免亏损,在此基础上才考虑回报的最大化。

2. 概率思维

贝叶斯理论是整个概率统计的基础理论,核心原则就是:一件事情发生的概率＝基础概率×这件事本身的概率。打个通俗的比喻，帅哥大学期间找到美女朋友的概率和他帅不帅关系其实不大，如果他在北航再帅也没用，因为男女生比例就是 7∶1。具体到投资行业的选择，首先就要放弃掉竞争过于激烈的行业以及难以长大的产业，这就是个基础概率的问题。这些行业难以出大公司和能够持久的好公司。从美国资本市场来看，能够长期给投资人创造超额收益的首推医疗消费。其次就是以各类隐形冠军为代表的硬科技公司，这类企业上市也很受青睐。所以，经过十年的实践和探索，我最终把投资的赛道确定为新消费和硬科技，某种程度上就是选择了上市及回报基础概率更高的赛道。在这个前提下，选择具体的公司，事实上就是选择公司本身成功的概率。所以投资人的选择就是行业基础概率×公司本身成功概率。下面我给出项目收益的概率公式：

$$项目收益 = Y_1 \times PR_1 \times Y_2 \times PR_2 \times Y_3 \times PR_3$$

Y_1——未上市股权和上市股份价差收益

Y_2——净利润增长前后股份价差收益

Y_3——泡沫引起的股份价差收益

PR_1——上市的概率

PR_2——净利润增长的概率

PR_3——个股牛市的概率

其中，$Y_1 \times PR_1$ 表示股份上市的期望收益，$Y_2 \times PR_2$ 表示企业业绩增长的股份期望收益，$Y_3 \times PR_3$ 表示泡沫的期望收益。对这三种期望收益的预测本质上就是考验投资人的概率思维能力，下面进行具体论述。

Y_1 指购买股权的市盈率倍数与上市后市盈率倍数的差额，我们假定有 0 到 300% 的差额倍数，右边的变量 PR_1 就是上市的概率，出于谨慎考量，这个概率一般不高于 50%，二者的乘积就是上市的期望收益。

Y_2 指我们投资的企业在未来五到八年中每股收益可能实现 0 到 300% 的增长，但是我们总体上不应有过高的期望，企业也有可能是负增长；右边的概率 PR_2 代表我们对实现这种增长的预期，这取决于我们预测的准确程度，出于谨慎以及经验的考量，这一概率不应高于 50% 才是看待增长的合理态度，二者的乘积才是增长贡献的期望收益。

Y_3 泡沫价差，指退出时赶上大牛市或所持个股炒作的高峰期，假定有 0 到 200% 的泡沫价差，右边的概率 PR_3 也假定不高于 50%，二者的乘积就是泡沫时期增加的期望收益。

以概率思维进行思考，这样大家就能通过这个简单的公式，厘清三种收益来源在投资项目期望收益中孰轻孰重。在实践中，上市预期的概率能力是基础，企业成长预期概率能力是关键，泡沫预期概率属于可遇不可求、锦上添花。从投资人能够控制的变量难易程度来看，一是尽量以低价格入股，提高项目回报的基础价差；并且提高对项目上市的判断能力以提高上市成功的概率，这一点对于投资人来说做到虽有难度，但相对容易把握些。二是提高对项目收益增长的判断能力，提高项目增长收益的概率；这一点对投资人做到的难度相对较大，但属于投资人的核心思维能力构成因子。三是等待并抓住项目退出时的牛市机遇，提高项目退出的泡沫收益；这一点对于投资人而言是被动的机会，可遇不可求。由此可见掌握概率思维对于股权投资人的重要性，投资人的能力就在于提升判断项目上市及增长的概率，并在遇到牛市时，抓住难得的机遇，再度提高退出的回报收益。就如查理·芒格所言："如果在你的技能组合里没有给基本概率留有一席之地,那么你就像参加踢屁股比赛的独腿男一样度过漫长的一生。"①

3. 逆向思维（买方思维）

逆向思维是股权投资人的基本思维方式之一,其实作为投资者,说到底是一种买方思维。不仅要挖掘企业的优势,更要挑刺,因为在投资中,风险控制的重要性远远高于其他一切。即使已经有很多人跟你说,有若干理由支持这个企业是如何的好,投资者仍然需要一些逆向思维,对企业所有的优势进行一一证伪。仔细考察这些优势背后的证据是否可靠,逻辑是否经得起推敲,如果能够证伪,则说明这个优势可能是站不住脚的。另外,投资者还要重点考察项目的风险点,特别是潜在的风险点在哪里。这一点没有人会跟你说得很清楚,倒不一定是故意误导你,而是过于乐观的倾向导致的。因此对于风险,投资者要分析得很细、很深入,企业在发展过程中面临的坑很多,即使是企业管理层自己也未必能预料到,投资者最好对这些风险在这家企业身上发生的概率,以及发生之后对企业价值的毁灭程度有比较清醒的认识。

逆向思维的代表人物就是查理·芒格,他的朋友、华人投资家李录说道:"查理在思考问题时总是从逆向开始。如果要明白人生如何得到幸福,查理首先是研究人生如何才能变得痛苦;要研究企业如何做大做强,查理首先研究企业是如何衰败的;大部分人更关心如何在股市投资上成功,查理最最关心的是为什么在股市投资上大部分人都失败了。"② 善用逆向思维的投资人需要经常研究失败企业的案例,某种意义上,这些失败案例的教训对投资人更为珍贵,从而有助于避免自己重蹈覆辙。

---

① [美]特兰·格里芬.查理·芒格的原则.黄延峰,译.中信出版社,2017:142.
② 李录.文明、现代化、价值投资与中国.中信出版社,2020:388.

在股权交易中，逆向思维具体表现为买方思维，卖方和买方的思维模式是截然不同的。许多中介机构包括投行和企业站在一边，秉持的是卖方思维，王婆卖瓜、自卖自夸，这种屁股指挥脑袋的心理现象是人类共有的，没有人能够完全摆脱。我过去许多做投行（业务）的同事、朋友转行做投资，开局基本上都不太顺利，我自己一开始也经历了这个过程。过去做投行的职责就是把企业包装好，然后卖出去，因为思维模式的固化，把自己也不知不觉给说服了，最后把自己给"装"进去了。

我自己公司后来有个不成文的规定，项目的业务人员必须跟投他参与的项目。这样他的思维模式就会不知不觉地从卖方思维转变为买方思维，他的想法也会发生180度的变化。他收集信息的主动性和方式也会不一样，相当于他接受信息的天线开始转向，当你的天线转向的时候，就会发现收集到的信息也不一样了。这时的思维模式已经成为典型的买方思维了。

所谓买方思维，就是在掏钱前，还要考虑那些问题没有考虑清楚，还有哪些潜藏的风险点没被发现，还要考虑最坏情况出现的可能性，以及投资最坏的结果如发生自己能否承受得起。投资人与创业者是合作伙伴，但不可否认，二者也存在一定的博弈关系，在一定程度上甚至存在零和乃至负和博弈的潜在风险。在投资这类行为中，参加竞争或合作的各方既存在相同的目标和利益，也有不同的目标或潜在冲突。买方思维就是研究博弈行为中相关各方是否存在着最合理的行为方案，以及如何找到这个合理的行为方案的数学理论和方法。对于风险投资人而言，要达成与投资对象的合作，必须考虑的博弈因素主要有：

（1）作为信息占有天然弱势的一方，如何获得并甄别真实有效的信息；

（2）估值、增长、确定性之间的平衡艺术；

（3）在对热门投资标的竞争中，如何做到脱颖而出；

（4）达不到上市或其他里程碑目标时退出的方案与潜在冲突。

买方思维要求投资人在对项目认知处于一知半解状态时，不要急于推进投资，而要适当放慢节奏，踩踩刹车。在此期间，一方面投资人可以设法找到对项目有见地的行家里手，进行咨询研判；另一方面可以进一步观察拟投资对象的发展和变化，如果这两方面都得到了积极的反馈信息，才可以进入项目的正式推进阶段。

与股票投资不同，股权投资人不但要有买方思维，还要有企业家思维。承认企业家的创造性价值，理解企业在不同阶段的特性，既要认可企业的长板和优点，也要包容企业发展过程中存在的一些问题，更要面向未来用发展的眼光看待企业的价值。否则很容易在买方思维主导下，用放大镜看问题，把估值压得过低，结果导致项目谈崩。

4. 长线思维

据说，贝佐斯有一次问沃伦·巴菲特，"你的投资理念非常简单，为什么大家不直接复制你的做法呢？"沃伦·巴菲特说："因为没有人愿意慢慢地变富。"的确，当我们在给自己的投资设立期限时，有谁不是希望每天都能看到一个当天收益的具体数值，又有谁不是希望在自己30、40岁时就已赚到了足够多的钱？但其实，即使是股神沃伦·巴菲特，99.8%的资产也是在他50岁后赚到的。

关于长线思维，我有三点感悟：

第一，长线思维本质上是企业家思维，尤其是创新型企业家思维。我们知道，现代企业的竞争本质上是研发创新能力的竞争，这种研发创新一般是以十年为基本周期的，不论是作为半导体核心的芯片，还是生物医药的创新药，基本都需十年才能看见结果的。只有长线思维的投资人才能够契合创新型企业的发展规律，通过长期资金支持企业的创新和发展，从而获得应有的投资收益，短期资金是无法支持企业研发创新的。

第二，长线思维其实是追求确定性基础上的复利思维。复利号称世界第八大奇迹。沃伦·巴菲特执掌伯克希尔哈撒韦期间，自1965年到2011年，45年时间，年复合收益率20%左右，当初的1美元变成了6 000多美元。美国一个学者做的研究：他把1801年到2014年的214年间，美国的股票和名义GDP（国内生产总值）这些指标，包括黄金、货币增长数据放在一块进行研究。这是我看到的所有可以相对准确地描述长期复利的最大的时间——214年。1801年，如果你有1美金，拿到今天，你大概剩下5美分。为什么？因为有1.4%的年均通货膨胀率，每年给你减掉1.4%。如果你拿黄金，那可以，现在是3美元。但如果你拿的是股票，你现在应该是103万，1美元变成了103万。这个103万，对应的214年的复合增长率是6.7%。其实GDP年均增长率也就5.0%，因为有通胀，1.4%的通胀。也就是说，我们持有股票的复合增长率是高于名义GDP的。

第三，长线思维的基石，就是要有一套稳定的投资哲学。中国的投资机构很多，一年获得三倍收益不难，但长时间持续获得正收益很难。基石资本张维多次在公开演讲时强调："投资有点像打高尔夫，只要你的动作大部分时候是正确的，期间又有一两杆打得特别好，始终保持这样一个持续的、少失误的方式，最终你就会跑出来。"因此，长线思维是建立在稳定的投资哲学基础之上的。

苏格兰的Baillie Gifford（贝利·吉福德公司）基金投资特斯拉七年，投资额过亿美元，获利200多倍。其风格与其投资思维有很大的关系，公司的口号是："真正的投资者以十年为单位思考，而非以季度为单位思考。"Baillie Gifford的权益类投资策略非常聚焦

——长期投资于最具竞争力、创新性和成长效率高的极少数优质企业，并取得超额回报。Baillie Gifford 将这种投资风格定义为"真正的投资"，构建的投资组合不是为下一个季度准备的，而是为下一个十年准备的。Baillie Gifford 认为，真正的投资需要寻找并且长期陪伴极少数卓越公司，因为绝大多数的市场回报都来自于此。以美国股市为例，从 1926 年到 2016 年间美国股市合计有 25 332 家公司先后上市，创造了接近 35 万亿美元的巨额财富。然而，其中 2.4 万家上市公司的合计财富创造几乎为零，而最卓越的 90 家公司（占比不到千分之四）创造了接近一半的财富。正因如此，当 Baillie Gifford 通过详尽研究坚信特斯拉属于这样的卓越公司以后，会愿意用巨大的筹码和极大的耐心陪伴特斯拉长期成长。当然，Baillie Gifford 能够采取如此的投资策略也和其资金性质及治理结构息息相关。从 1984 年起，公司便是英国重要的养老金管理人之一，因此资金期限非常长。此外公司的所有权完全属于合伙人，因此可以在不受外部股东干扰的情况下进行超长线投资决策。

5. 第一性原理思维

第一性原理由亚里士多德提出，他强调："任何一个系统都有自己的第一性原理，它是一个根本性的命题或假设，它不能被缺省，也不能被违反。"简单来说，在一个逻辑体系里，第一性原理指不是从其他原理推导或派生的原理，第一性原理是决定事物的最本质的不变法则。高瓴资本张磊对投资的第一性原理做了这样的阐述："在我看来，投资系统的第一性原理不是投资策略、方法或者理论，而是在变化的环境中，识别生意的本质属性，把好的资本、好的资源配置给最有能力的企业，帮助社会创造长期的价值。"[①]

---

① 张磊.价值.浙江教育出版社,2020：164.

在投资实践中运用第一性原理并不容易,作为一级市场投资人,我潜意识里经常把企业能否快速上市作为最重要的权重变量,事实上,这种思维就违反了第一性原理。是否投资一家企业最重要的是要搞清楚企业是不是好企业,是不是能给社会持续创造价值,如果是好企业就可以投资,能否上市是第二位的。例如新三板的成大生物,是非常优秀的疫苗龙头企业,但由于是上市公司的子公司,当时没有出台分拆上市办法,成大生物被我剔除出投资名单。但很快证监会出台了上市公司子公司分拆上市办法,成大生物随即启动科创板上市,并成功登陆科创板。

事实上,只要是好企业,总有获得回报的路径,如分红、转让、并购、上市等。注册制改革也是遵循第一性原理,只要是好企业,对其他所谓的问题及瑕疵可采取适度包容的态度。第一性思维的具体运用就是权重思维,要善于抓大放小,会算大账。我自己还吃过因为估值较贵而放弃优质项目的亏,现在回头来看,这也是违反了第一性原理思维方法,如果企业足够好,估值贵是暂时的,长期来看依然是合理的。

掌握第一性原理思维模型的人就会对项目有与众不同的"洞见"。首先我们先来看看什么叫"洞见"。"洞见"一词语出宋·秦观《兵法》:"心不摇于死生之变,气不夺于宠辱利害之交,则四者之胜败自然洞见。"字典中通常释"洞见"为明察,清楚地看到。稍微引申一点就是指能够对事物有透彻的了解,并且能够透视不易察晓的客观真相,在对事物的见解上比较高明,比较有远见性。当我们说一个人洞见性比较强的时候,主要是指这个人能够看到别人看不到的深层逻辑,能够观察到别人观察不到的关键点,能够抓住事物的本质属性。而洞见能力并不取决于信息的多少或知识量的多少,而是取决于这个人的底层思维能力强不强,也就是透过现象看本质的能力，对事物认知的深层次分析能力。洞见性强的人，总是能够看到别人看不到的，拨开事物层层表象的外衣，深入到事物的本质去思考和看问题。而事物的本质规律又有许多都是相通的，不仅能够解释一个现象，而是能够举一反三，解释多个现象。生活中，事物的本质和真相并不是长在事物的表面，一眼就能够看到的，而是潜藏在深处。因此，我们不要根据表面现象就轻易下结论，而要多问问为什么，当你开始问为什么的时候，就开始了向深层次去寻找答案，也就开始用底层思维去思考问题了，你的洞见能力就会不断增强。

总之，五大思维能力是优秀投资人在长期的投资实践中逐渐打磨出来的，它具有如下基本特点：

- 投资是技术与艺术的结合，追求的是模糊的正确方向。
- 反对完美主义，对奇迹和完美保持高度警惕。
- 原则性与灵活性的高度统一，保持灰度方法。
- 对投资对象的分析要善于抓住大问题和关键信息。
- 理解并尊重人性，接纳并包容创业者的缺点。
- 对于成功的项目，复盘时要能够区分出能力和运气的成份。
- 即使被否定的项目，最好也要有跟踪复盘，以便调整校验。
- 既尊重常识和直觉，又倚重理性及专业判断，二者有机统一。

第三章 投资人性

投资人是人类的一个群体,其具有人性的共同属性。既有自然属性,也有社会属性;既有个体属性,也有群体属性;既包括平和、理性、勇气、谦虚等积极的一面,也包括贪婪、自大、恐惧、沮丧等消极的一面。我们所谓的投资反人性就是看见其消极的一面,通过自我修炼,在投资实战中整合、运用并发展人性中积极的一面。

一、投资人性概述

关于投资人性的描述,投资大师查理·芒格的言论最为丰富,他把普通投资人的心理倾向归纳为25种,具体包括:(1)奖励和惩罚超级反应倾向;(2)喜欢/热爱倾向;(3)讨厌/憎恨倾向;(4)避免怀疑倾向;(5)避免不一致倾向;(6)好奇心倾向;(7)康德式公平倾向;(8)艳羡/嫉妒倾向;(9)回馈倾向;(10)受简单联想影响的倾向;(11)简单的、避免痛苦的心理否认;(12)自视过高的倾向;(13)过度乐观倾向;(14)被剥夺超级反应倾向;(15)社会认同倾向;(16)对比错误反应倾向;(17)压力影响倾向;(18)错误衡量易得性倾向;(19)不用就忘倾向;(20)化学物质错误影响倾向;(21)衰老—错误影响倾向;(22)权威—错误影响倾向;(23)废话倾向;(24)重视理由倾向;(25)聚沙成塔倾向—数种心理倾向共同作用造成极端后果的倾向。① 查理·芒格大师罗列的心理倾向仅仅是投资人性的冰山一角，这些心理倾向对投资决策的影响可谓无处不在，如影随形。

1. 人格特质与投资人性的相关性

所谓人格，美国心理学家 Jerry M. Burger（杰瑞·伯格）在其著作《人格心理学》里写道："可以定义为源于个体自身的稳定的行为方式和内部过程。"② 国外心理学家对人格的自然属性进行分类，比较著名的就是大五人格维度。大五人格维度中，尽责性与投资成就相关性最高，安全性人格及亲和性人格也有利于股权投资，其他两个维度人格，外向性还是内向性及求新性还是务实性，与投资成就相关性不显著。

表 3-1 大五人格因素与投资相关性

因　　素	特　　征	相关性
尽责性	有序对无序 认真对粗心 自律对意志薄弱	相关
安全性	烦恼对平静 不安全感对安全感 自我同情对自我满足	相关
亲和性	热心对冷漠 信任对怀疑 乐于助人对不合作	相关
外向性	善交际对不善交际 爱开玩笑对严肃 深情对冷淡	—
求新性	富于想象对务实 偏爱变化对偏爱惯例 独立对顺从	—

---

① ［美］彼得·考夫曼.穷查理宝典.李继宏,译.上海人民出版社,2012：463.
② ［美］杰瑞·伯格.人格心理学.陈会昌,译.中国轻工业出版社,2019：4.

2. 投资人性与潜意识

我们人类行为既受意识支配，也受潜意识及情绪的影响。潜意识对投资决策的影响虽然无影无踪，但又是无处不在。(1) 投资心理的基本内核是性情特质。如果投资人的性情特质是保守、胆小，那么他在投资上的表现也是稳健的，其投资的主要产品可能就是银行存款、理财，或者低风险债券。(2) 觉察和咨询才能够了解自己的潜意识，进而才能够把潜意识意识化。例如一个股票投资者，昨天买了一只股票，进行理智分析也觉得不错，可是随着股价的波动，很快就让他改变了主意，不管盈亏第二天就抛出了，对这个操作，他自己也觉得莫名其妙。其实，从潜意识来分析，这位投资人是个内心缺乏安全感的人。内心不自信，投资行为就会不自律，股价的任何波动都会触发他内心的不自信，从而出现了后悔买入的心理，进而就有了卖出股票的行为。(3) 投资行为从心理角度分析也是一种内心的投射。悲观的投资人，在多数事情的看法上都是消极的。在股市向下调整时，他们悲观的内心投射在股市上，就放大了这种下跌风险，导致杀跌行为屡见不鲜。相反，乐观的投资人，在多数事情的看法上是乐观的。当股市上涨，他们乐观的内心投射在股市上，就认为上涨后面还是上涨，导致不断追涨的投资行为。(4) 投资行为有时也是一种情感连接方式。收藏无疑是最典型的情感连接方式，把自己的情感与外在的物品连接在一起；同理，投资某家企业或股票，可能是因为明星代言，把对明星的情感移情到明星代言的企业或股票上了。

因为潜意识是人在其成长过程中尤其是小时候逐步形成的，具有自动化的模式，如果没有接受过心理咨询并学会觉察的话，这种潜意识会每时每刻地影响你的投资决策。尽管你学习了许多投资知识，理性思维也就是意识层面也有不同的判断，但最后还是在潜意识的影响下做了与意识层面判断完全相反的决策。

3. 投资人性与情绪

投资人最重要的特质就是要理性。所谓理性,也就是让理性思维在投资决策中占主导地位。人的理性决策中枢神经位于大脑皮质层区域,这个区域接近大脑顶部的偏左位置。人的情绪活动神经系统位于大脑的杏仁核区域,这个区域处于丘脑的正下方,而丘脑负责所有感官信息的接收及传递。在决策时,如果情绪活动非常活跃,由于情感脑接收来自丘脑讯息,比理性脑快几毫秒,杏仁核可能在皮质层(理性脑)还未收到信息时就已经行动。如果杏仁核错误判断为威胁或紧急状态(有时可能只是情绪上的威胁或情绪上的紧急状态),便可令一个人作出非理性及破坏性的反应。此时,大脑的决策指令则由杏仁核作出,而不能够由皮质层(理性脑)作出,这种现象在心理学上称之为"杏仁核劫持"。

正如美国心理学家巴塞尔·范德考克在其著作《身体从未忘记》中指出:"我要强调的是,情绪并不与理性对立。我们的情绪衡量我们的体验,因此,情绪是理性的基础。我们的个体经验是理性和感性的大脑平衡下的产物。当两个系统平衡时,我们拥有'自我'。"① 所谓理性的投资人就是要做到左右脑平衡,他们在作投资决策时,情绪是稳定的,内心冲突很小。或者说,优秀的投资人能够觉察自己的潜意识或者情绪,并让潜意识意识化,进而明白潜意识的来龙去脉,从而能够在投资决策中,不被潜意识或情绪所左右,始终让理性思维占据主导地位。打个形象的比喻,投资思维与心理犹如一枚硬币的"两面",优秀的投资人的"两面"是和谐统一的,而糟糕的投资人的"两面"则是冲突混乱的。

---

① [美]巴塞尔·范德考克.身体从未忘记.李智,译.机械工业出版社,2019:56.

二、投资人性树

投资是反人性的。人性非常值得我们研究、探索，我将画出普通投资人的人性之树，作为投资觉察的基本工具，投资人的成长体现在其内心人性之树的变化及更新上。

为了便于研究，我把普罗大众投资人性大致分为四个部分，形象地比喻为人性之树，包括主干部分的条条框框，两个主要枝干分别为贪婪和恐惧，一个很细的枝干就是理性，下面进行具体叙述。

一是主干部分的条条框框，涉及先入为主，成见和评判，教条和规条，还涉及他人的意见，过时的成功经验……这部分人性特质放在主干上，表明是作为人共同拥有的秉性，这些人性特质是作为个体在过去成长环境中习得的，是个体内在资源的一部分。这些资源在过去曾经让我们获得了生存、安全和认可。但是，时过境迁，这些内在资源在不知不觉中变成了条条框框，使得我们带着这些条条框框去看世界，刻舟求剑，纸上谈兵，盲人摸象，管中窥豹……都是针对这部分人性的寓言故事。鉴于条条框框在人性之中的根深蒂固，我们把这部分放在主干之上，预示该部分人性觉察及更新的难度，更揭示了条条框框对理性生长的障碍和抑制。

二是两个主要枝干部分：贪婪和恐惧。与贪婪和恐惧有关的具体心理现象以树叶表示，包括长在贪婪树干上的过度乐观、自大炫耀、即时满足、群体认同、情感倾向……长在恐惧树干上的悲观失望、自我贬低、权威膜拜、反应过度、心理否认……贪婪和恐惧是投资人性中常见的两类特质现象，其对投资决策的影响如影随形且无时不在。

三是以虚线表示的理性枝干。表示理性生长受到条条框框及贪婪、恐惧的抑制和阻碍，长在理性枝干上的耐心、果敢、风险、平和、谦虚……也以虚线的树叶表示。对于普通投资人而言，理性的力量虽然弱小，但它存在于我们每个投资人的心中，我们需要转化并整合人性中的条条框框、贪婪、恐惧，才能够让理性的力量生长壮大。

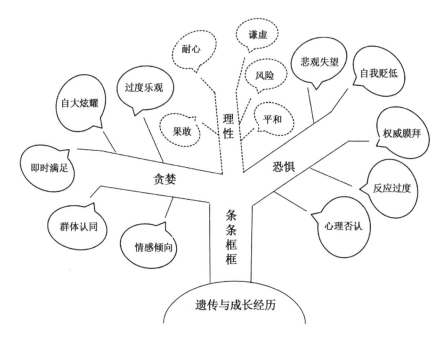

图 3-1　普通投资人的人性之树

所谓投资的反人性，就是反人性之中最重要的三种特质：条条框框、贪婪、恐惧，投资人的修炼历程就是不断看见自己的人性，了解人性特质对投资决策的影响。投资人性之树的意义在于投资人首先要看见自己的人性之树，对自己的人性特质抱持并接纳。同时，更要看到有一个很细的枝干——理性，它包含的耐心、果敢、风险、平和、谦虚五片树叶，是投资人最可贵的宝藏。必须指出，理性枝干虽然很细，天生拥有理性主要特质的投资人极其稀少，但是，理性枝干以虚线表示其开放的特征，多数投资人通过长期的实践砥砺和修炼，可以让理性的枝干变得日渐粗壮，条条框框及贪婪、恐惧的枝干日渐变得细弱，这个修炼的过程在心理学上称之为整合。

三、我对投资人性修炼的理解

投资之所以难做，难在人性上，难在人性当中的贪婪与恐惧，难在无处不在的情绪，难在人性中的急躁和自负，难在得意时的自大、失意时的沮丧……投资人表面上看云淡风轻，看不见的是内心的纠结与煎熬。查理·芒格曾说："如果不具备适合投资的性情，即便遵循格雷厄姆价值投资体系的原则，有些投资者也可能失败。一个人在性情上的适合程度是综合了他们天生的能力，以及在此基础上下了多少功夫所形成的。"① 由此可见，心性的后天修炼对于投资的重要性。

所谓投资反人性，主要就是反人性里的三个部分：一是条条框框部分；二是贪婪部分；三是恐惧部分。反人性的根本目的，是让投资人看见并接纳自己的人性，在投资实践中加以持续修炼，逐步减少三个非理性特质部分对投资的影响，让理性的力量来主导投资决策。下面谈谈我对投资人性修炼的理解。

其一，知行合一是投资人性修炼的根本途径

王阳明说过，为什么要放弃工作来修行？工作就是修行，红尘就是道场。投资人的修行道场只能是投资的实践。东方富海陈玮多次在演讲中说道："我有时候讲课，讲什么样的人适合做投资？我觉得真正的投资家是天生的，后天的'一万小时''一亿美金'（注：指需要1万小时，投掉1亿美金之后，才会成为一个相对理性成熟的投资人），可能有机会培养出来，但如果天生不是这块料，即使做到

---

① ［美］特兰·格里芬.查理·芒格的原则.黄延峰,译.中信出版社,2017：164-165.

了，也成不了大家。"按东方富海陈玮的说法，投资实践修炼其实就两样东西，一个是1万小时，另一个是1亿美金。

一是1万小时。任何行业都需要经过1万小时的历练，才有可能成为行家里手。1万小时换算成年大约10年，投资人在经过了约10年的细分领域实战磨砺后，在时间这个维度上才算合格。今日资本十几年来一直聚焦消费及互联网行业投资，尤其在新零售领域做了大量的投资布局，并且不乏数个成功案例，如像京东这样的经典案例。由此可见，今日资本已经成为这条赛道上的头部投资机构，徐新在这个细分领域的认知已经达到了很高的水准，也就是拥有了这个细分领域投资的核武器。

二是1亿美金。1亿美金代表你投资的资金数量，对应十几个项目也意味着案例积累具有了一定的丰富性。同时，十几个案例总会有成功的，甚至有特别经典的案例，意味着你有了成功案例的体验。这些成功案例会给你带来正面和积极的感受，失败的案例是作为心性修炼的副产品，二者对你都意义非凡。按我自己的经验，20年前1亿人民币的投资额，10年前3个亿人民币的投资金额，都可以投出十来个案例，运气够好的话，有可能收获一到二个成功项目。所以，投资金额并不是一个绝对的门槛，投资人的悟性、实力、运气也很重要。

其二，风险意识是投资人性修炼的第一关

关于投资人性，第一点就是风险意识，也是最关键的一点，只有风险意识足够强的投资人才能够活得够久，笑到最后。风险意识最重要的就是要尊重常识和直觉，这样就可以排除掉许多看不懂或明显不行的项目。沃伦·巴菲特做投资决定的时候，他只需要一张纸的备忘录，然后凭直觉做出决策，沃伦·巴菲特的直觉要比很多投资人好。所以最终直觉考验的是你的胆量和经验。如果你只会读投资报告，那么你不会成为一个成功的投资人；你的直觉需要帮你判断这件事行不行得通。预测未来的能力不是你从商学院那里获得的，靠的是你的直觉。只要能够避免愚蠢，就会排除掉许多风险，你就会成为战胜市场的少数人。查理·芒格多次在演讲中强调：对于平庸的人来说，这是一种获得成功的方式，这也不是什么秘密，只要避免所有愚蠢的犯错；成为一个天才很难，我不是想成为天才，我只是想避免愚蠢，包括天才的愚蠢；明白这一道理可以使得一个有中等能力和工作习惯的人能够获得比他的思维能力更多的东西。但是，我们也要明白，尊重常识并不是一件轻松的事，而是有相当难度的。因为许多平庸的投资人并不具备优秀投资人眼里的常识，就如同儿童并不拥有成年人眼里的安全常识一样。根据我的经验，风险意识更多体现在不做什么上，也就是运用排除法来化解风险。

一是排除看不懂或一知半解的企业。再成功的投资人，也有许多知识方面的局限和盲点，一定会碰到许多看不懂或一知半解的企业。查理·芒格把这类企业归为"太难"而主动放弃。查理·芒格对所有项目的态度只有三种：行，不行，太难了。有些想法可以很快分辨出来行还是不行，但如果确实感到太难了，那就放弃。聪明的投资人只要抓住为数不多的看得懂的好项目，就可以变得很富有。不要为了好奇心，而交太多学费。

二是排除不了解或明显有问题的人。识别实际控制人的能力是风险投资人必须具备的底层能力，如果这方面能力欠缺，则投资人的职业生涯随时可能由于看错一个人而毁掉。但是识人又是难度极大的工作，作为投资人我们必须坚持做力所能及的，就是排除掉明显不符合要求的创业者。首先要排除掉不了解或了解甚少的创业者。雷军做天使投资时坚持一个原则，只投熟悉的朋友，最起码是很熟悉的朋友推荐的人，这其实是个简单易行的风险排除方法。其次要排除人品明显有问题的创业者。因为创业者人品一旦有问题，你的投资资金几乎都会肉包子打狗，有去无回。对人的基本品行的判断要相信第一感觉。我自身的教训：有个PRE-IPO项目，对实际控制人刚开始就有不良的印象，并且挥之不去。但由于企业当时业绩不错，又在紧锣密鼓地推进IPO申报工作，就把这个念头给压了下来。但是，后来结果证明，这个项目的结果几乎让我全军覆没。再次，排除明显达不到要求的创业者。我们投资人要投的是未来行业的领军人物、优秀的企业家，而不仅仅是个好人或者小富即安的生意人。因此要通过案例积累和复盘，找到失败项目创业者的一些共同特质而加以回避，如年龄偏大、格局过小、有赌博等不良嗜好、家庭不和、言行不一、沽名钓誉……

三是排除明显平庸或容易出问题的企业。这些企业包括：（1）低门槛、产能过剩、泡沫严重的行业；（2）过于传统的行业：纯广告、传统农业、咨询、工程企业、传统贸易企业；（3）所谓风口企业：P2P、共享单车；（4）兼职创业、单一客户、单一渠道、市场空间狭小、对政府补贴依赖过度；（5）估值泡沫严重，过于强势，条款苛刻（我碰到过一级市场融资采用招标方式，也碰到过以各种借口不让投资人尽调的情况）；（6）创业时间超过10年，企业规模依然很小的企业。打个形象的比喻，公司的年龄就像女大学生，毕业三到五年最适合结婚；（7）实际控制人有多个产业，关联交易比例过高，缺乏独立性的企业……

四是排除可能的造假阵营。一要回避造假成本低且容易造假的行业，例如大农业（农林牧渔）、商业贸易行业等。二要回避账面盈利表现很好但从来不分红的企业，相当多的造假企业就藏在这个群体中。三要回避财务负责人频繁更换的企业。四要回避审计机构频繁更换的企业，一些造假企业往往会遭到质量把关严格的会计师事务所的抵制，使得企业不得不频繁更换会计师事务所。五是回避各种所谓的奇迹。事实证明，99%的所谓奇迹，最后证明不过是精心包装过的谎言。最著名的骗局就是号称硅谷"女版乔布斯"的伊丽莎白·霍尔姆斯（Elizabeth Holmes）创立的血液检测创业公司，高峰时估值近百亿美金，但最后被证明是个彻头彻尾的骗局。

我在多年实践中总结出一条风控行为策略，就是决策要慢些、再慢些。必须有足够的时间才能够找到投资逻辑的破绽，有时甚至会推翻先前的想法。即使是已经投了一轮的项目，也要有足够的间隔时间，对项目的认知达到相当的火候后再考虑增持，虽然那时估值会贵些，但可以避免"踩坑"的严重后果，这个代价还是值得的。

其三，情绪智力管理贯穿投资人性修炼历程

投资人的思维能力不但取决于理性智力，也与情绪智力高度相关，情绪是身体和理性智力的桥梁。因此，理解情绪智力，管理情绪智力，对于提升投资人的思维能力具有十分重要的意义。

根据萨洛维和梅耶的情绪智力四要素模型，情绪智力分为感知情绪、利用情绪来促进思维、理解情绪、管理情绪四个方面。

维度1：感知情绪

根据个人的身体和心理状态来识别情绪的能力；

识别他人情绪的能力；

准确地表达情绪以及表达与情绪相关需要的能力；

区分真正的和伪装的情绪的能力。

维度2：利用情绪来促进思维

根据相关的感受来重新引导思维和对思维按优先次序排序的能力；

产生情绪来促进判断和记忆的能力；

利用心境变化来领会多种观点的能力；

使用情绪状态来促进问题解决和创造性的能力。

维度3：理解情绪

理解各种情绪之间关系的能力；

感知各种情绪的原因和相应后果的能力；

理解复杂的感受、混合情绪和对立情绪状态的能力；

理解情绪之间相互转变的能力。

维度4：管理情绪

愿意接纳愉快的和不愉快的情绪感受的能力；

监控和反思情绪的能力；

投入、延长或脱离一种情绪状态的能力；

管理自己和他人情绪的能力。

萨提亚女士在其著作《新家庭如何塑造人》里写道："一个人的情绪能力是能够自由而公开地体验所有情绪，清晰地表达它们，并且把它们通过建设性的行为引导出来。"[1] 投资人情绪智力修炼是一个内心冰山的体验历程，从压力事件的情绪体验感受开始觉察，逐步探索感受背后的观点，看见观点形成的来源，也看见内心对自己和他人的期待。在接纳这一切的同时，学会把观点和事实进行分离和区隔，并尝试添加新的理性声音，逐步使潜意识意识化。如此循环往复，投资人情绪被看见、理解和有效管理的能力将逐步增强。

其四，投资逻辑与策略是投资人性修炼的重要成果

风险投资决策是逻辑和策略的落地过程，投资修炼也是不断完善投资逻辑与策略的历程。东方富海陈玮在演讲中说："达晨财智肖冰那哥们他有点天生的气质，商业感觉特别好，他有他自己的逻辑。松禾资本厉伟他们的天使投资做得也好。我们这个行业最终是靠逻

---

[1] ［美］维吉尼亚·萨提亚.新家庭如何塑造人.2版.易春丽,叶东梅,等译.世界图书出版公司,2018：260.

辑赚钱的，是靠一个理念赚钱的，我们也是走了很多弯路，才慢慢总结出东方富海的投资逻辑。"结合我自己的经验，我认为投资逻辑策略的修炼体现为如下几点：

一是投资逻辑和策略是持续完善和更新的，没有一成不变的投资逻辑，也不存在一劳永逸的投资策略。

二是投资人的竞争外在表现为项目的竞争及综合实力的PK（对决），内在表现就是投资逻辑和策略与项目契合的高低优劣。

三是投资逻辑与策略既有普适性的一面，也有个性化的一面，必须与投资人自身的资源禀赋相结合。投资人必须在实战中不断迭代并完善自己的投资逻辑和投资策略。

四是投资逻辑与策略是检验投资人成熟与否的一把尺子。优秀案例背后其实是项目投资逻辑及策略的成功，失败的案例也是由于项目投资逻辑及策略的错误与疏漏所致。

其五，浸润理性的投资智慧是投资人性修炼的不懈追求

理性是投资人性中最宝贵的特质，也是埋藏在每个投资人内心深处的宝藏。投资人性修炼最高目标就是让理性不断被看见和发现，同时，知行合一的修炼也是理性不断生长和壮大的历程，这个历程与投资人终生相伴，永无止境。

基石资本张维认为，要在实践中形成稳定的投资哲学，如果投资哲学是漂移的，其长期业绩也一定是波动的。一个缺少稳定投资哲学的投资人，关键时刻就会无所适从，其长期业绩一定会平庸。坚守自己的投资哲学其实是很难的，第一它是需要认知深度和高度的，第二还需要长期资金的属性。所以知易和行难本质上都是因为缺乏根植于实践的真知，纸上得来终觉浅。浸润理性的投资哲学的形成，是投资人成熟的里程碑和重要标志。

总之，投资人中非常适合投资的理性人群和非常不适合投资的非理性人群都是极少数，芸芸众生虽然以条条框框及贪婪和恐惧的心理特质为主，但都埋藏有理性特质的种子，这颗种子需要不断被浇灌和滋养；一方面通过实战提高认知水准，另一方面通过持续觉察听到内心理性的声音，在对自己性情特质承认并接纳的基础上，持续进行转化及整合，这个历程持续下去，投资人的修炼之旅会日益精进，内心理性的力量会逐渐增强、壮大。

中 篇

如何看项目：投资三重门

　　回顾二十年来一级市场股权投资经历，我经常陷入深深的思考和探究中。我们投资人对于投资项目的决策，主要依据的因素差别非常大，有的人看眼前，有的人看3到5年，有的人看10年以上，我把这种看企业的差别总结为三重门。评估一家企业，第一重门是看财务报表、产品和厂房与机器设备，这些都是眼前的、看得见、可计量的东西，比较容易把握，但投资人各取所需，得出的结论也未必相同。第二重门看公司竞争力，如产业竞争格局、公司的行业地位、商业模式、研发实力、市场能力、组织体系、管理团队等等，这些因素并不是看得见、摸得着的，而是要在扎实的尽调和研究工作基础上，才有可能得出正确的结论。第三重门，最不容易把握的东西是什么呢？是以企业家精神为核心，以企业文化及公司治理为外在表现形式。众所周知，企业家精神才是企业成长的决定性因素，企业家精神决定了企业的长期竞争力和组织命运。

　　投资三重门是个知行合一的修炼过程，三重门之间的关系首先是短期、中期和长期矛盾统一的关系。短期靓丽的财务指标可能隐含着研发投入的不足，潜伏着企业中长期发展的隐患。公司竞争力强，行业地位突出，如果引起企业家及管理团队的保守和懈怠心理，企业家创新精神衰减，公司行业地位衰落则在不久的将来就会呈现。其次三重门是升维的关系，第一重门是基础，第二重门是看家本领，第三重门是投资心法。我认为，无论是对财务指标的研究运用，还是对企业竞争力的评估，再到对企业家精神的把握，每一重门的修炼都需要十年左右的功夫，只有基本功足够扎实，才有可能向上升维。再次，三重门是立体的虚实结合的关系，三重门反映的是企业的各个层面，以计算机来比喻，财务数据是企业的外壳和框架，企业竞争力是企业的主板和操作系统，而企业家精神则是企业的灵魂，也就是CPU。

本篇共分为三章，第四章企业竞争力评估，研究囊括有形的财务数据和实物资产，重点探索了无形资产及"护城河"。第五章创业者及管理团队评估，分别介绍了如何评估创业者人格特质，如何评估管理团队，以及投资人对企业创始人评估的经验。第六章企业家精神评估，作者提出了企业家精神评估模型，具体既涉及创新评估，也涉及领导力评估。

第四章 企业竞争力评估

沃伦·巴菲特和查理·芒格在多个场合强调，投资企业首先是要选个好公司，然后是管理层，由此可见，识别并选择一家好企业是投资人的看家本领。投资人对企业竞争力的评估可以分为两个阶段：投前评估及投后再评估。

一、尽职调查的现状与问题

投前评估是投资人对拟投资对象做的基础工作，包括尽职调查和研究评估两个层面。一般而言，尽职调查有两个目的，一是价值发现，二是找出风险。重点围绕企业的财务、合规、业务三个方面来展开，分别由会计师、律师、投资专业人员来进行。尽职调查是投资人的基本功之一，好的尽职调查不仅能够让投资人通过抽丝剥茧式的调查还原企业的真实面貌，还能够发现企业潜藏的风险点和隐患，从而避免"踩雷"的严重后果。投资人形象地比喻尽职调查如同玩拼图游戏：把每个板块调查好了，然后，整体拼接起来，就构成了一幅完整的反映企业总体品质的拼图。尽职调查有一些基本的方面，每一个方面都像是一块平整的石块，你必须翻开每一块石头，看看底下有没有毒蛇。如果你不把所有石头都翻起来看看，就可能留下一条隐藏的毒蛇，说不定哪天它会爬出来咬你一口。再说一遍，在调查企业时，你不能遗漏每一块石头！

尽职调查（尽调）重点解决三个问题：一是公司财务方面的真实家底。这方面主要通过财务专业人员或会计师进行，对于早期项目而言，企业财务的规范性差，所以财务尽调不但要摸清企业的真实家底，还要帮助被投企业进行财务规范。二是法律风险。法律尽调重点关注公司的合规性，这类尽调一般是投资人委托律师来完成的。包括审查公司的所有业务合同，以及担保、融资类的其他合同，是否涉及诉讼或潜在诉讼，公司知识产权状况，公司创始人和核心团队个人诚信记录，公司历史沿革是否规范，出资到位情况，实际控制人是否有占用公司资金的历史记录，等等。三是由投资机构自己完成的关于公司的竞争力等品质要素的尽调。这方面的尽调是难度最大的，也是最考验投资人功力的。因为这块尽调并不局限于公司内部各部门与业务环节，还需要涉及公司外部，包括行业竞争对手、客户与供应商等，不但要关注有形资产，更要关注无形资产。公司竞争力品质的尽调如果做到位，对投资人做出判断和决策是非常有帮助的。反之，做不到位，就可能误导投资。

在实践中，尽职调查成为许多投资机构的短板和薄弱环节，如果把浑水公司的尽职调查作为标杆（假定为大学生水准），那么绝大多数投资机构的尽职调查水平就是小学生程度。具体表现如下：

一是尽职调查受到投入及人员素质瓶颈的制约。一些小型投资机构受限于经费和人力，经常把法律和财务尽职调查外包，中介机构把投资人委托的尽职调查业务视为鸡肋，人力投入上严重不足，几乎都是以年轻会计师和律师为主来具体操刀。以审计外包来具体阐述：财务审计在行业内有相对标准的流程和工作范围，但对财务尽职调查并没有一个标准的定义。我和很多资深会计师讨论过这个问题，大家也说不上来，大部分的回答是，这就是一个简版的审计，至于"简"到什么程度，那就视情况而定了。尽管财务尽职调查的方法和流程基本上是参照审计,但在深度和范围上可调整的空间就大得多。具体来讲,往往是对细节测试的省略,比如现金科目和往来项目的函证,这是为数不多的从第三方渠道核实的过程。此外,在公司提供资料的审核过程中,抽样范围的大小、是否进行必要穿行测验、实质性分析的深度等等,都成为影响结果的重要因素。

投资机构许多资历较浅的调查人员,由于经验不足,抓不住重点,经常出现捡了芝麻丢了西瓜的问题。有些人员给企业开的资料清单过多、过细,使得企业不愿配合。而有些核心问题又被调查人员忽略,或者罗列了一些似是而非的信息,这些问题资料信息往往会误导调查人员做出不切实际的判断。

二是被投资企业配合程度有限,外部尽调门槛不低。被调查企业根据自身利益最大化原则来提供信息,资料有水份或遗漏并不鲜见,加上现场调查人员没有去做询证、测试、论证等核对验证工作,以这些资料为基础形成的尽调报告,其质量往往是堪忧的。有些企业甚至串通起来,给尽职调查提供虚假或不实的资料,要来甄别资料真假和水份大小,调查人员的经验和勤勉尽责就显得十分重要,但这与尽调报告取得的短期收益是严重不成比例的。浑水公司尽职调查的投入是巨大的,但它可以通过做空的巨大收益来弥补。

外部尽调门槛不低,对投资人的能力挑战不小。投资人对拟投资对象的供应商、经销商、客户以及竞争对手进行尽职调查,这个难度并不低,这些被调查对象没有动力和义务配合你的调查,如果把尽调任务交给资历浅的投资经理,结果往往不尽如人意。

三是尽职调查内容主要集中在资产负债表内,表外项目缺失严重。如果财务尽调已经委托给审计机构,那么投资机构的尽调应该在资产负债表外下足功夫,包括管理层的尽调评估,也包括表外的无形资产,还应该涉及企业家精神。但令人遗憾的是多数尽调报告几乎难觅表外项目踪影。

四是对人的尽调基本依赖直觉，缺乏系统的方法。长期以来，投资机构的尽调主要集中在事上，对人的尽调主要靠直觉，导致在尽调报告里难觅人的踪影。

二、尽职调查的难点：财务真实性

被投资企业财务的真实性必须得到确认，这点对于投资项目的成败可谓生死攸关。如果企业财务的真实性存在问题，那么其他一切都是浮云。尽职调查最难也是最关键的要能够确认企业信息尤其是财务数据的真实性。这方面调查，我们学习的榜样就是浑水公司，该公司已经成功发现了数起财务造假公司。所以这里花一定篇幅来谈谈如何识别财务造假舞弊的问题。

首先，从整体上看，财务报表舞弊一般都遵循三因素理论，即当企业存在舞弊的压力（动机）、机会和合理化借口的时候，舞弊就很可能发生。识别一个企业是否存在财务舞弊，也可以从这三个角度出发。

一是企业是否面临多方面的压力。如：对投资人、股东、债权人等的业绩承诺，经营业绩不达标会严重影响管理层收益（股权激励等），资本市场（企业整体估值、控制人股权价值、股权质押等）压力、融资需求压力等。

二是企业是否具有舞弊的机会。即企业所在的行业是否较容易造假。造假成本低、审计难度大的行业，如资产真实性、完整性难以确认的大农业企业等，投资人应在初始考察的时候就尽量回避它，以免出现如扇贝游走、生猪饿死等令人啼笑皆非的情况。

三是企业是否具有舞弊的借口。企业舞弊的时候一般都会给自己找一个借口，以抵消内心的不安。比如竞争异常激烈的行业，急需要一笔融资，实际控制人会以为了延续企业生存作为借口从事舞弊。

当存在上述三要素时，企业发生财务舞弊的可能性就较大。

其次，在对企业的舞弊风险进行具体分析的时候，我们要从多个角度对企业提供的数据进行体检。

一是和同行业类比。每个行业的报表都会有自身的特色，这是由行业特殊的商业模式决定的。在同一行业内，处于相似生命周期的企业财务报表构成会有一定的相似性，通过分析企业和同行业各项数据（如资产负债率、毛利率、费用率、资产周转率、业务增长率等）的对比情况，可以发现企业业务数据中的异常情况，并引起重视。

二是和企业自身的同比、环比。企业经营一般具有连续性，通过和自身的同比、环比，结合企业所处行业发展状况，分析出异常情况，也是发现企业财务舞弊的有效方式。

三是重点分析容易发生舞弊的财务数据。企业的经营成果一般是关注的重点，收入和净利润相关的财务数据构成了财务报表的主要部分，在分析具体财务报表项目时需重点关注以下项目：

1. 应收账款/收入。收入的增加一般情况下会带来应收账款的增加，但基于企业所处行业及经营的连续性，应收账款周转率、应收账款账龄结构、应收账款占营业收入的比例、单一客户营收的大幅增长，这些方面异常往往说明企业经营情况发生了重大变化，投资人应重点关注。

2. 预付款项、存货、成本。预付款项、存货、成本处于经营价值链的相邻位置，企业往往利用对预付款项/存货价值的调节，达到调节成本从而调节净利润的目的。因此预付款项、存货周转率及构成结构、主要供应商的重大变化都应引起投资人的关注。

3. 费用、其他应收款。费用中重点项目和收入的比，也是应关注的内容之一。其他应收款一般是报表项目中的垃圾桶，存在着少记成本费用的可能。

4. 在建工程、新购建重大资产、其他非流动资产等。此类报表项目一般金额较大，部分舞弊企业利用其进行资金循环，即通过购建长期资产支出资金，然后通过营业收入收回，达到同时增加收入及长期资产价值，并可以避免应收账款异常的问题。分析企业重大长期资产时，重点关注重大资产是否和公司经营规模相匹配，购建价格是否与市场同类资产相匹配，供应商是否为合格供应商等。

5. 其他项目异常。如：货币资金和贷款都较大，可能存在资金被限制、挪用、虚假等可能。

再次，关注企业里的其它异常信号，比如：

1. 企业账面资金较大还在积极融资；

2. 净利润持续向好但从不分红；

3. 实际控制人存在其他重要产业，存在通过为公司垫支成本费用从而输送利益的可能；

4. 财务负责人变化频繁；

5. 会计师事务所更换频繁。

总之，财务舞弊识别遵循的是一般常识原则，所有和常识相冲突的异常数据都有很大可能是舞弊，不要相信所谓的奇迹。财务数据真实性是投资人的职业生命线，一旦被造假的财务数据蒙蔽，几乎会毁掉一个投资人的职业生命。

三、企业竞争力评估痛点：无形资产

埃森哲财务绩效管理部门所发布的报告显示，无形资产在公司价值评估中发挥着越来越重要的作用。

（一）尽职调查痛点：无形资产

无形资产价值的评估，既包括表内无形资产价值，也包括表外无形资产价值。看职业投资人尽职调查能力的高低，主要分水岭就是在对无形资产的评估上，尤其是表外结构性无形资产评估成为投资人之间拉开差距的重要因素。

一是入行时间不长的投资人对物理形态的东西看得过重。宽大的厂房、漂亮的办公大楼、不停运转的机器设备，这些东西只能说明公司资产偏重，并不能与公司竞争力划等号。

二是对公司的研发实力及成果产生误判。许多医药研发公司都号称公司的创新药属于全球领先，但在真正懂行的专家眼里，公司的创新药还是属于 ME-TOO（仿制）档次的。由于对相关细分领域缺乏足够且深入的了解，尤其对该领域无形资产含金量及分布情况比较陌生，容易被企业的夸大宣传误导，使得投资尽调人员对公司竞争地位产生误判。许多公司都号称行业龙头或者领军企业，因为无形资产成色不足，事实上连第一梯队都排不进去，即使勉强挤进第一梯队，被竞争对手逆袭的并不在少数。

三是对公司的结构性无形资产理解不到位。结构性无形资产包括商业体系、业务流程、供应链、经销商、生产工艺及成本、隐蔽资产、人力资源及管理层薪酬和股权激励等等，结构性无形资产虽然大多不体现在资产负债表内，但它们是公司在长期经营中逐步打磨形成的，是公司独特的核心竞争力。由于许多投资人没有产业背景，对上述结构性无形资产理解程度有限，甚至成为盲点。

四是把无形资产（广义）与"护城河"混同。广义的无形资产包含的因素很多，但只有其中难以被竞争对手模仿的要素才能够称为"护城河"。一些资历较浅的投资人对公司的无形资产把握不全，或抓不住重点，甚至把一些壁垒不高的无形资产等同于"护城河"，从而对公司价值产生误判。

五是在企业发展低谷及困难时期忽视了无形资产对公司的价值。

许多投资人将目光集中在财务报表上，对表内科目过目不忘，注意力集中在收入、盈亏、现金流等指标上，却忽视了无形资产的价值，往往会在企业发展的低谷时期动摇对投资企业的信心。

（二）无形资产与公司竞争力的关系模型

资产除了分为货币性资产和金融资产外，还应包含无形资产（广义），比如专利、商标、客户信息、软件代码、数据库、商业或战略模型、业务流程及供应链优势等等。巴鲁·列夫教授将无形资产分成研发成果（商标、专利和版权、商誉）、品牌价值（声誉、企业形象）、结构性资产（商业体系、业务流程、供应链、经销商、生产工艺及成本、隐蔽资产、人力资源及管理层薪酬和股权激励）以及垄断地位。对无形资产的尽调评估能力的高低，不但是业余投资人与职业投资人的分水岭，也是职业投资人之间拉开差距的重要方面。在今天硬科技投资如日中天的背景下，尤其是对于一些早期项目和亏损项目，对无形资产的尽调评估已经成为对企业竞争力评估的核心内容，即所谓得无形资产评估者得天下（硬科技投资）。需要强调的是，沃伦·巴菲特和查理·芒格眼里的好公司，重点就藏在无形资产中，无形资产中难以被竞争对手模仿的独特要素就是"护城河"。

下图描述无形资产与公司竞争力的关系：

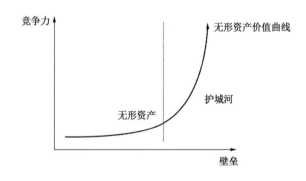

图 4-1

(三) 表外结构性无形资产

结构性无形资产指几乎没有反映在资产负债表里,但是对公司竞争力意义非凡的因素。包括公司独特的生产模式及成本,独特的物流方式及成本,独特的供应链体系,独特的经销商体系,独特的客户结构,独特的隐蔽资产,先进的管理机制(人力资源、管理层薪酬、股权激励),行政特许(牌照)等等。

有些公司的独特竞争力体现在供应链管理上,大家都知道光刻机的研发很难,假设一家新企业即使拿到了光刻机生产的全套图纸,但依然无法生产出合格的产品。原因就在于光刻机的供应链非常复杂,有数百家合格供应商,需科学组织这数百家供应商,才能够最后生产出合格的光刻机。这事实上就是公司的"护城河"(供给侧的规模经济),而且是非常宽阔的"护城河"。

有些公司的独特竞争力在于其生产和业务流程方面的优势,西蒙教授在其名著《隐形冠军》中指出:"对于竞争持久力来说,保持更加持久的其实是那些鲜为人知的生产和组织流程方面竞争优势,比如说卡特彼勒公司,如果它的竞争对手不只是仿制它最新的压路机,而是想达到卡特彼勒在全球范围零配件运货系统水平的话,这些就必须花费更多的时间和金钱。"[1]

有些公司的独特竞争力在于管理机制及企业文化。西蒙教授强调的竞争持久力因素是最难被别人模仿的,就是来源于员工的工作态度和工作技能。例如华为独特的核心员工持股机制,解决了利益分配这个最大的难题,极大地调动了核心员工的积极性。同时,华为"以客户为中心,以奋斗者为本,长期艰苦奋斗"的企业文化,让公司能够长期保持战斗力。华为不少员工离职创业,带走了华为

---

[1] [德]赫尔曼·西蒙.隐形冠军.张帆,刘惠宇,刘银远,译.机械工业出版社,2016:273-274.

的技术，但并没有再造出一个"小华为"，关键原因就在于没办法复制华为的管理机制及企业文化。

有些公司具有独特的隐蔽资产，例如互联网企业的数字资产、少数企业独特的销售渠道及经销商体系等等，这些资产的价值并没有体现在账面上，但对公司现在的经营及未来发展都具有重要的作用。

我最近几年做项目尽调时已经尝试把结构性无形资产单独作为一部分来关注和研判。举个例子，我接触一家以生物发酵及中间体为主营业务的项目，研发中心在上海，生产基地在山西大同。该企业结构性无形资产主要有两大类别：一是独特的低制造成本优势，该企业以生物发酵及转化为主要生产工艺，生产基地位于山西大同，坑口电价每度只有3毛钱。同时，山西大同冬天时间长、温度低，每年10月到次年4月发酵过程中的水可以循环使用，否则，发酵需要大量使用冷凝水，会明显增加能耗成本。二是独特的低物流成本优势，该企业生产的几个主要产品下游重要客户与公司仅一墙之隔，仅此一项又节约了不菲的物流成本。这两点结构性无形资产优势构成了公司独特的竞争力，这两点就是沃伦·巴菲特"护城河"里供给侧的范围经济，尽管该企业管理层优势并不十分突出，但我依然作出了继续关注的决定。

（四）"护城河"的评估

沃伦·巴菲特眼中的"护城河"，可以保护企业免受激烈的竞争之苦，是指你的竞争对手知道你的秘密却不能复制，这就是一种结构性的优势。"护城河"由五个要素构成：（1）供给侧的规模经济和范围经济；（2）需求侧规模经济与网络效应；（3）品牌；（4）专利与知识产权；（5）特许权。"护城河"概念与沃伦·巴菲特所处的时代和所处的环境有很大关系，沃伦·巴菲特时代的美国（上个世纪末）最强的产业就是金融、消费以及科技。沃伦·巴菲特由于坚称看不懂科技企业，因而重仓了消费品企业和金融企业，著名的消费品牌有苹果、可口可乐、吉列刀片、喜诗糖果，金融有运通保险、富国银行等。这些企业确实在一定程度上存在沃伦·巴菲特所称的"护城河"的保护，包括品牌、特许、无形资产、规模经济导致的成本优势、网络效应等。所以沃伦·巴菲特的"护城河"主要是指由行业本身特性带来的，以及企业自身长期打造的可以有效保护企业免受激烈竞争之苦的要素。

查理·芒格和沃伦·巴菲特多次谈过与"护城河"有关的不同技巧：创建一条"护城河"，识别其他人创建的"护城河"，以及识别已经拥有但还未展露"护城河"的创业公司，识别尚未展露的"护城河"是优秀风险投资家的核心能力等。根据我的经验，识别"护城河"有以下几点心得：一是能够长期维持的差异化就是"护城河"。好公司就是能够持续找到用户"差异化"需求的公司，差异化是用户需要但其他竞争对手满足不了的东西。产品没有差异化，最后看到的就是价格战，差异化越小的产品，越容易陷入价格战。价格战会导致大家为了保持份额而降价，结果往往是，在大家份额不变的情况下价格下来了。差异化还可以体现为独特的无形资产给公司带来的巨大成本优势，这个优势让竞争对手不敢轻易进入企业所处的行业。二是无形资产壁垒越高就越代表"护城河"。无形资产的价值在质不在量，质代表无形资产的壁垒，壁垒越高，竞争对手就越难模仿，该无形资产为公司创造价值的时间就会越持久，就越有可能成为企业的"护城河"。三是定价权及经营性现金流是判断"护城河"强度的重要指标。沃伦·巴菲特提出了评估"护城河"强度的经验法则，名列榜首的就是企业是否拥有定价权。拥有定价权的企业意味着对客户的强势地位，也表明该赛道上竞争对手难以望其项背。

同时，企业经营性现金流好意味着企业对下游客户具有一定的话语权，表明同行业竞争对手与该企业处在同一个层面的家数较少。

对"护城河"的判断同样也有许多陷阱，许多投资案例失败的重要原因就是对"护城河"的误判，错把无形资产当做"护城河"，我认为，无形资产中被竞争对手难以模仿的要素才能够称得上"护城河"。"护城河"评估陷阱包括以下几种情况：

1. 技术进步过快的行业，并没有很高的壁垒，导致所谓的"护城河"损毁速度过快。你在你所在领域的确有"护城河"，但你的竞争对手没有从地面进攻，而是从空中进攻，降维打击。陌陌、美图、豆瓣、天涯、迅雷……在各自的领域都有着极高的"护城河"，它们一直稳坐钓鱼台，从来都没有被业内竞争对手打败过。然而它们各自的领域本身变得不再重要了，"护城河"还在，但城没了，这些企业被更高维度的对手降维打击了。

2. 高估了早期项目的壁垒和成功概率，对于还谈不上"护城河"的早期项目给予过高的估值或者重仓投资。所谓创新的商业模式，并没有被实践验证，哪来的"护城河"呢？

3. 把创始人和团队当成"护城河"，这些可变的因素并不是可持久的"护城河"。

4. 规模越大，成本并未下降，可复制性差，这样的企业也谈不上"护城河"。

5. "护城河"是个防御的功能，它可以让你难以很快衰落，但并不保证你继续增长。

6. "护城河"是相对的，垄断企业具有又宽且深的"护城河"，但政府的反垄断法规会随时破坏企业的"护城河"。

总之，投资人尽职调查的最终目的是对企业组织体系的整体竞争力做出判断，如果这个判断基本符合实际，这个尽调就是合格的。

当然，我们也要承认尽职调查存在局限性，一方面收集资料信息会受到许多制约，也无法穷尽；另一方面，即使罗列了大量过去的数据，对未来的判断依然会出现很大误差，甚至错误。

四、风控阶段的企业竞争力评估

风险控制是任何商业活动都必须把握和处理好的，风险控制是尽职调查和项目评估的延伸，也是具有决定性的一个环节。对于本身属于高风险的股权投资行业来说，它既是高挑战，又是硬需求。一般来说，风险控制分为三个步骤，一是理解风险，二是识别风险，三是控制风险。对于风险投资而言，风险可谓无处不在，表现为：信息失真、对成长预期过高、过高的估值、用法律条款替代风控、流动性不足、道德风险、黑天鹅等等。对于股权投资来说，风险控制贯穿企业竞争力评估的整个流程。下面结合具体业务流程来谈：

（一）风控阶段企业竞争力评估的主要环节

其一，前端风控。在一线直接与企业打交道的合伙人和投资经理是风险控制的第一环节，他们在一线考察企业并作出取舍。这个环节风控的主要策略是运用风险排除法，即排除看不懂的或明显有问题的项目，事实上已经在把风控的第一道关了。对他们来说，力求掌握拟投资对象的真实情况是最重要的任务，难度也不小。因为投资人在与投资对象博弈中本质上是处于信息弱势的一方，如何设法通过各种渠道获取企业的真实信息是非常考验投资人功力的，一线人员实际是在把好风控的入口关。

其二，中端风控。指投资机构专业的风控部门所做的工作。这个环节是风控体系的枢纽，前端连着一线投资团队，后端连着投决会。风控部门的作用在于运用法律、现场核查、瀑布测试等手段，对项目进行审慎评估。所谓瀑布测试是指运用反向思维，对项目不断提出质疑，找出潜藏或可能的各类风险，进而对项目进行压力测试。此外，风控部门还要对项目合同进行评估并提出修改意见。通过风控部门的推动，前端业务团队不断完善对项目的尽调和评估，只有风控部门这个环节通过了，项目才会进入投决会这个环节。

其三，终端风控。投资机构的投决会是项目的最高风控机构。一般由内部合伙人与外部专家组成，这个环节也是投资前风险控制的最后一个环节。在这个环节，如果没有发现重大风险隐患，则项目一般会获得通过，然后进入项目实施执行阶段。相反，如果发现项目存在很大风险，项目也可能被终止，或者调整投资方案。

其四，后端风控。指项目在投资后的风险控制。在项目投资前风控是排除可能的风险。但在投资后，风险却是实实在在的，如影随形的，如果不加以重视，就会形成实际的亏损。在某种意义上，投后管理本质上是管理风险，只有管理好项目风险，投资人才有可能迎来收获的季节。

（二）风控阶段企业竞争力评估陷阱

风险控制本身是很难的，风险投资的风控可能是世界上最难管理的风控。从一定意义上来说，几乎找不到没有任何风险的投资项目，所以风控既有科学的成分，更有艺术的成分。下面结合我自身体会谈谈风控阶段企业竞争力评估陷阱：

1. 看走眼导致错杀。投资机构的风控是很难做的，这些风控成员必须来自业务一线，否则很容易吹毛求疵，因为一些小的缺陷把有大好发展前景的项目给否了。即使到合伙人层面，由于经历不同、性格差异等，也会对同一个项目有截然不同的看法。这种错杀不但发生在投前，也可能发生在投后，当投资企业发展不顺利，出现了较大的经营困难时，风控部门也可能建议甚至要求投资人撤回投资，不幸的是这里面也有部分企业以后发展得很好。

2. 失察延误时机。失察既可能发生在投前，投了不该投的项目；更多发生在投资后，对企业的隐患未能及时发现，被企业短期较好的财务数据所蒙蔽，认为天下太平、形势大好，殊不知企业的"护城河"正在被慢慢侵蚀，企业主导产品市场正在被替代或消失，但投资人却浑然不觉。最后等到问题集中爆发，却已错过了解决问题的最佳时间窗口。

3. 缺乏独立使得风控流于形式。一些中小投资机构风控环节力量配置薄弱，导致风控缺乏独立性，成为走过场的龙套角色。有些风控人员，迫于内部合伙人的压力，使得风控流于形式。当然，相当数量的中小风投机构由于实力有限，历史短，积累案例少，合伙人能力不足，这些都会导致风控建设不到位。

4. 对人的评估缺失。据我了解，多数投资机构的尽调报告通篇描述的是"事"，并据此做出投资决策。人的重要性被遗忘在角落里，尤其是对创业者人格特质、管理团队和领导力的评估是许多投资机构的短板，被这些投资机构集体忽略了。

五、投后管理阶段企业竞争力再评估

一个项目在完成投资后，就会进入投后管理阶段，投后管理的重点是对已经投资项目的再评估，并据此制定合适的退出策略，因此投后管理阶段对于项目的再评估意义十分重大。一般而言，投后阶段企业竞争力评估涉及跟踪、复盘、退出决策三个主要环节。

其一，跟踪

对于已投资项目的跟踪可以分为定期和非定期的，也可分为正式和非正式的。定期的跟踪包括按月或季度、年度取得财务报表，定期参加董事会和股东大会。定期跟踪一般也都是正式的。投后管理比较考验功力的往往是非定期的、非正式的跟踪。因为这种跟踪并不局限于企业内部，也涉及对行业的研究和对竞争对手的研判。非定期、非正式的沟通方式多样，时间随机，地点不固定，人员也不确定，可以是和创始人聊天，也可以和一线员工座谈，必要时可以参加公司内部会议，甚至参加行业展会。投资人需要多维度来了解公司真实的经营状况和竞争力地位。跟踪需要注意三个问题：一是要有对行业与公司的研究做基础，否则，跟踪的效果会大打折扣；二是要处理好和创始人的私人关系，与创始人私人关系处理不好，从他这里得到的关键信息就会有限，而且，你接触其他管理层和员工也会遇到障碍；三是把跟踪与对企业的帮助结合起来，这样会更有利于获得被投企业的真实信息。

其二，复盘

复盘是投资人非常重要的工作，复盘是对已投资项目的重新审视和再评估，复盘也为科学的退出策略提供依据，更为以后的投资工作提供可资借鉴的经验教训。一般而言，复盘可以分为定期复盘和不定期复盘。前者包括年度、半年度的定期复盘。后者是根据行业、竞争对手、政策环境、公司内部的重大变化来进行和开展的。根据我们的经验，复盘的目的要从正反两个角度来展开，正面角度重点关注企业家精神，包括创新和领导力两个维度。如果企业家精神被不断确认，那么这个企业就是长期投资的对象，也是少数可以不断追加投资的优质标的。反面角度就是关注企业"护城河"的损毁的各种信号，对于已经投资的企业，更要高度聚焦各种潜藏的风险。一是财务数据异常的风险。财务报表上表现的风险有许多，如营收大幅下降、毛利明显下滑、应收账款大幅增加、资金被实际控制人占用、拖欠供应商货款、拖欠员工工资等等。二是内部人浮于事，团队流失严重。企业内部人心涣散，缺乏凝聚力，相互指责甚至拆台，腐败滋生。骨干人才尤其是关键的核心研发人员、市场负责人、财务负责人开始出走跳槽。三是外部纠纷不断，甚至涉及诉讼。复盘的难度在于对于潜在的变化尤其是风险的判断要有提前量，事实上，如果项目风险完全暴露，此时投资人的损失已经难以避免了。此外，复盘还应该对估值模型进行验证与反思，有些传统项目运用了新经济估值模型，导致投后估值不增反降。有些项目由于企业产业升级成效显著，新经济占比越来越高，此时，公司估值必然水涨船高。

复盘有如下注意事项：一是不要反应过度，企业的成长尤其是小微企业成长如同青春期的少年，没有问题是不现实的，关键看问题的大小及问题的严重性。对一些小问题，如果投资人反应过度，往往会干扰企业正常的经营节奏，给企业和创始人平添烦恼。二是要会抓重点，尤其要学会高度关注企业"护城河"损毁的信号，提前发现企业潜藏的重大风险。以我投资的某企业为例，刚投资的前两年财务数据亮眼，企业也是一派歌舞升平的景象。由于我的经验缺乏，对于企业研发投入严重不足等问题没有引起足够的重视，没有感知到企业隐藏的巨大风险，后来企业主营产品销售断崖式下滑，而新产品研发投入小，而且又不符合市场需求，这个企业后来的结果可想而知。三是复盘要集思广益。有些问题你没有答案或判断错误，是因为你没有这方面的背景知识或相关经验，如果能找到这方面真正的行家里手，答案也就水落石出了。

此外，复盘还包括对已经退出项目甚至放弃项目的总结，尤其是对失败项目的复盘，这些宝贵的经验教训会被吸收到投资人的制度规则之中，并内化到投资人的思维意识之中，成为投资人的未来行动指南。

其三，退出决策

退出是投资的最后一个环节，也是最关键的环节。很多投资人在退出上交了很多学费。好项目退早了，坏项目退迟了导致退不出，我自己在退出上犯的错误比投资时更大。因此，投资人要尽早建立对企业价值的评估体系和科学的退出策略。我把股权投资企业分成四个等级：

1. 卓越公司，这类企业适合长期持有（指持有十年以上）

（1）有定价权的公司，且有很好的经营现金流；

（2）公司自身具有独特而持久的竞争力，具有稳固的"护城河"；

（3）管理团队卓越，被反复确认具有企业家精神。

2. 良好企业

这类企业有一定的"护城河"，但并不稳固。投资人应视其发展轨迹而定，如向卓越企业方向发展的可能性极大，则坚定持有。如经过几年持有，渐趋平庸则应考虑退出，至少部分退出。这类企业主要特征：

（1）较优秀的管理团队和比较和谐的企业文化；

（2）细分领域的领先企业，但领先优势不明显；

（3）较为平稳的成长曲线。

3. 平庸企业

当投资项目被证明为平庸企业时，要早下决心，坚决退出。

（1）平庸的管理团队和不和谐的企业文化；

（2）乏善可陈的业绩或波动频繁的增长曲线。

4. 糟糕企业

（1）恶劣的控制人和不诚信的企业文化；

（2）持续亏损且扭亏无望。

事实上，我们投资时，都是以良好企业为最低标准，持有数年后，极少数企业会进入卓越状态，而多数企业沦为平庸，少量企业陷入糟糕状态，对投资人来说也就是"踩雷"了。所以当确认企业进入卓越状态时,则进入长期持有阶段。当确认企业沦为平庸后,要坚定退出,否则企业陷入糟糕局面后,投资人无法顺利脱身。

对以上四种企业有个形象比喻:

卓越企业:好马,骑士卓越

良好企业:马尚可,骑士优秀

平庸企业:马一般,骑士一般

糟糕企业:马很差,骑士很差

退出决策的难度和实施的难度都是很大的,因为判断投资企业的状态必须有提前量,一旦确定企业平庸后,顺利退出的机会已经很小了。此时,投资人要善于抓大放小,可以损失全部利息甚至部分本金也要迅速退出,否则,拖延、等待的后果可能是血本无归。有些VC(创业投资)投资机构对于成长期项目有明确的退出里程碑,一个成长期项目在投资三到五年后,估值达不到十个亿,就必须设法退出。对于普通的早期投资人来说,要想提前判断企业的长远前景是很困难的,比较有效的策略是在B轮以后,估值有数倍以上的增长就可以选择部分退出。由于股权投资的流动性不好,有一定流动性的往往在当时是好的甚至是热门的项目。此时,恰好给早期投资人提供了难得的退出机会,如果不能很好抓住这个时间窗口,可能以后就再也没有了。当然,由于顶级投资机构对投资企业的认知远超同行甚至超过了企业家本人,对于已经确认的卓越企业,坚持长期持有是最佳策略。因为卓越企业属于凤毛麟角,能够投到这样的企业是投资人一辈子的骄傲,因此,要像对待收藏品那样,进行长期持有。总之,并没有一套完整的适合所有投资人的退出标准,投资人应根据自己的认知、实力、理念逐步摸索适合自身特点的退出策略。

案例 1

关于无形资产

2003年底，已经准备离开投行队伍的我，一直在搜寻着合适的创业或投资项目，就在此时，经济型酒店进入了我的视野。当时住宿一晚一两百元的经济型酒店正在兴起。锦江之星经常一房难求，而此时锦江之星连锁店开出来还不到10家，住宿市场反应十分火爆，开业一段时间后住客率就稳定在近乎100%。作为投行老兵，也是商务差旅达人，我意识到这是酒店业的一片新蓝海，开一个锦江之星加盟店成为不错的选择。

对于酒店投资来说，合适的物业是最大的拦路虎，我前前后后看了几十栋物业，最后锁定了一处。这个物业虽然当时来看位置有点偏，但在地铁站附近，地铁可以很好地弥补它的位置缺点。而且该物业面积也较为合适，但物业当时有经营方且租赁合同没有到期。经过与物业业主的多次沟通，他们对经济型酒店这种业态也非常认可，认为如果把这栋物业改造成经济型酒店，正好填补当地酒店业发展不足的缺口。经过一年的艰苦谈判，业主成功与原租赁户解除了合同，与我们注册的酒店成功签订了租赁协议。

接下来在锦江之星品牌的指导下，历时半年，我们完成了酒店改造。在酒店开业前夕，南京第一条地铁线开通运营。酒店住客率第一个月达到70%，半年内即攀升到100%。如今这家酒店在2020年疫情前已成功盈利15年。这个酒店项目本质上是个投资项目，虽然以实业的形态在运营，自酒店开业后，我们一直把酒店经营托管给锦江之星管理团队，我从内心更愿意做个甩手掌柜，也就是投资人。

项目点评：

1. 抓住了消费升级这波机遇。过去的中低端酒店很少采用连锁的经营方式，也没有经济型酒店这个业态，中国又是个人口流动大国，因此，经济型连锁酒店迎合了住宿业庞大的主流人群需求，在中国有着巨大的市场。在本世纪前 10 年，经济型酒店可谓独领酒店业潮流，当时甚至吸引了一些高星级酒店的从业人员加盟，给酒店这个最古老的行业注入了生机与活力。

2. 无形资产是企业核心竞争力。该项目的无形资产包括品牌、供给侧范围经济以及低成本。一是抓住了品牌这个消费行业的核心竞争力。锦江酒店自身就是中国乃至亚洲最大的酒店集团，锦江酒店本身也是中国最知名的酒店品牌之一，锦江之星是中国经济型酒店的首创者和领导者。有些人当时也看到了经济型酒店的市场机会，但他们不愿意交加盟费与品牌使用费，而是自己做，十几年下来，这些自己做的酒店已经换了无数个招牌了。二是抓住了零售行业最关键的要素：位置。我选择的物业虽然当时并不处于繁华闹市，但地铁直达很好地弥补了这个缺陷。该物业位置，距离大型开发区、著名旅游区、中心商务区的距离是地铁三站抵达，或车程 10 分钟左右。三是酒店最大的刚性成本就是物业租赁成本，低物业租金水平就是最大的安全边际。由于这个项目当时属于该地区急需项目，能够弥补当地酒店业发展的短板，因而作为区政府重点招商项目，获得了租金方面一定的优惠政策。较低的租金使得酒店具有了很强的抗风险能力，也保证了投资人较好的盈利水准。

3. 经济型酒店投资的风险也不容忽视。一是物业被拆迁的风险。我一个朋友，当年一口气投了 5 个加盟店，但在 10 年左右时间内 3 个酒店物业先后被拆除了，有些店的成本都未收回；拆迁虽然会有赔偿，但一般只能勉强收回大部分直接的装修和投入成本。二是优秀项目复制门槛很高的问题。对经济型酒店的简单复制似乎门槛不高，但优秀项目复制的门槛很高，要求低房租、好未来两者缺一不可，缺失其中一个要素，这个项目都有可能火了几年后，归于平庸，或者收益下滑严重。经济型酒店本身客房售价不高，物业的租赁成本是个刚性制约，繁华地段物业的高租金与经济型酒店的低房价是个错配。经济型酒店要求物业租赁成本也必须是经济型的，刚开业几年可以容忍物业位置的适当偏僻，但必须对物业位置周边未来的商务及旅游客流稳步增加具有足够的信心，而且酒店交通必须有地铁直达，拿到符合上述要求且租金足够便宜的物业确实颇具挑战性。

第五章

创业者及管理团队评估

为了寻找投资人作决策的判断标准,纽约大学的研究员们曾对 100 位著名风险投资家进行了问卷调查,结果发现,企业家的品质及管理水平是最重要的因素。根据我 20 年的经验教训,我认为,财务评估设定了公司价值评估的基本面,而管理团队领导力评估则能让投资人识别公司的长期价值。投资就是投人,投资就是投创业者及其团队,本章重点从创业者个人和管理团队两个大的层面分别进行探讨。

一、从创业者与人交流的主要模式评估其人格特质

根据我的投资经历,我认为评估人从底层逻辑上主要就是评估创业者的人格特质。美国心理学家罗伯特·霍根在其著作《领导人格与组织命运》里写道:"我们内部存在一个持久而稳定的结构,这个结构决定了我们行为和生活风格的一致性。这个稳定的结构就是'人格',它决定了我们,并赋予我们独特的品质。"① 这个人格特质是创业者领导力的基础。

对创业者人格特质的评估也属于尽职调查的范畴,只不过狭义尽调一般由投资经理完成,而对创业者的人格特质的评估一般由资

---

① [美]罗伯特·霍根. 领导人格与组织命运. 邹智敏,译. 中国轻工业出版社,2009:16.

深合伙人完成，在实践中，多数投资人对人的评估基本依赖于直觉。

1. 人的五种主要交流模式

根据萨提亚心理学理论，通常存在五种与人交流的主要模式，分别是一致型、讨好型、指责型、超理智型、打岔型，这五种主要交流模式对应的是五种人格特质。

（1）一致型

一致性是一种选择，选择成为更充分的人、更完整的状态。它是一种存在状态，一种跟我们自己和他人沟通的方式。高自尊和一致性是功能更充分的人的两个主要标志。当我们决定一致性地回应时，并非因为我们想要赢，想要控制另一个人或一种局面，想要防御或忽略别人，而是我们希望从一个关爱自己、关爱别人的位置去回应，并且带着对当下情境的觉知。

图 5-1

（2）讨好型

当我们讨好时，我们忽视自己的价值，把力量拱手让给别人，对所有事情点头称"是"。讨好常常以一种令人愉快的面目出现，因此在大部分的文化和家庭中得到高度的接纳。然而，讨好不同于表里一致的使他人愉快的尝试。讨好时，我们会付出自我价值减少的代价。讨好否认自我尊重，给别人的信息是"我们不重要"。

图 5-2

（3）指责型

指责姿态是一种不一致的方式，它反映了"我们要维护自己，不接受任何借口、麻烦或辱骂"这种社会规则。我们决不可以"脆弱"。为保护自己，我们攻击、指控别人或情境。我们持续寻找错误，也倾向于只要有机会就拒绝请求或不赞成建议。在指责状态中，我们做出决定——生活中唯一获取成功的方式就是通过斗争。

图 5-3

（4）超理智型

超理智或过于理智，意思是只尊重情境，通常在资料和逻辑方面，它常常被误解为聪明。我们以做一个崇尚学术的人来获取乐趣。这种姿态突出的特征是非人性化的客观。当我们这么做时，我们不允许自己和他人关注感受。这反映了社会规则——成熟意味着不触动、不看、不碰或不感觉情绪。我们通过引用研究或资料来支持自己的看法以解决冲突，我们想证明自己永远是对的。

图 5-4

（5）打岔型

人们打岔时，会不停地动。这是将人们的注意力从所讨论的问题上岔开的一种尝试。他们不断改主意，想同时做多种活动。打岔行为通常飘忽不定，看上去没有目的。只要能将注意力从任何压力程度的议题上移开，他们就相信自己可以活下来。打岔通常

图 5-5

与自发而令人愉快的有趣或滑稽相混淆。

以上五种主要交流模式并不是绝对的,在现实生活中,有的人可能是指责型为主,同时还有超理智;有的人可能是讨好型为主,同时还有打岔;一致型的人格特质相对来说是一种简单纯粹的交流方式。①

2. 创业者人格特质与健康组织的关系

创业者与他人交流的长期而稳定的主要方式就是其人格特质的外在表现,这种人格特质与健康组织存在着显著的关联关系。罗伯特·霍根在其著作《领导人格与组织命运》里写道:"数据很清楚,人格与领导力紧密相连——你是谁就决定了你会如何领导——正常人格的标准维度是预测领导力有效性的粗略指标。"② 正如维吉尼亚·萨提亚女士所说:"一致性的回应方式使你能够成为一个完整的人:真实,而且与你的头脑、心灵、感官、身体密切联系。做个一致的人使你具备正直、负责、诚实、易接近、有能力、富有创造性,以及用真实的方式解决实际问题的众多素质。"③ 具体来说,在企业内部,具有一致型人格特质的创业者能够与团队成员保持正向的情绪流动,企业的氛围是轻松和谐的。在这种氛围里,企业内部的沟通是清晰和有效的,这也是打造健康组织的基础条件。相反,其他四种创业者人格特质,包括指责型、讨好型、超理智型、打岔型,都是有问题的交流方式,正如萨提亚女士所言:"其他四种交流方式带来的结果,其完整性是值得怀疑的,那是通过讨价还价、不诚实、孤独、伪装的行为得到的许诺,用破坏性的

---

① [美]维吉尼亚·萨提亚,等.萨提亚 家庭治疗模式.2版.聂晶,译.世界图书出版公司,2019.
② [美]罗伯特·霍根.领导人格与组织命运.邹智敏,译.中国轻工业出版社,2009:61.
③ [美]维吉尼亚·萨提亚.新家庭如何塑造人.2版.易春丽,叶东梅,等译.世界图书出版公司,2018:104.

方式解决空想的问题。"① 这四种非一致性的交流方式经常会造成企业团队成员间情绪的负向流动，结果造成关系混乱和成员内耗。在这种氛围里团队建设只会流于形式，长此以往，会造成优秀人才的外流，这样的企业难以形成持久的战斗力。如果遇到重大的压力挑战，企业往往处于崩溃的边缘，甚至树倒猢狲散。以上五种与人的交流模式，对创业者与客户、供应商、合作伙伴等关系的影响同样是十分巨大的。

3. 如何选择创业者

我在投资的早期，眼里只有事，没有人，结果在人的选择上栽过大跟头。后来开始重视对创业者人的感受，但是没有适合的心理学方法和工具，更多是靠本能的意识，这个阶段的突出问题就是对创业者的不好感受有时候被即将申报 IPO 以及便宜的估值等因素干扰，依然投了一些在今天看来不该投的项目。今天，由于比较系统地学习了心理学知识，初步掌握了一些评估人格特质的工具和方法，我更加坚定了以人为本的投资理念。对于早期项目及没有"护城河"的中后期企业，如果发现创业者不属于一致型的人格特质类型，放弃投资就会理所当然，内心少了许多纠结和矛盾。当然，对创业者人格特质的评估需要专业和耐心，最好有心理学专业人士的支持，通过和创业者的数次交流访谈中审慎得出结论。具体可以从三个方面着手：一是最好能够接触到创业者的伴侣和家人，可以以朋友聊天的方式了解其原生家庭对其性格的影响，以及其当下和伴侣以及孩子主要的交流方式及应对模式。二是对创业者本人访谈的重心要放在创业者面对的压力事件上，去了解他的情绪和应对等等，将有

---

① ［美］维吉尼亚·萨提亚.新家庭如何塑造人.2版.易春丽,叶东梅,等译.世界图书出版公司,2018：104.

助于对创业者人格特质的评估。三是投资人在心理专家支持下设计访谈议题，倾听创业者的看法，观察其情绪和反应。

需要强调的是，虽然创业者人格特质基本稳定，但非一致型的创业者并非是固化及一成不变的。其中有学习能力且经常向内看的极少数创业者是可以逐步成长的，其人格特质也会趋于一致型，这样的创业者依然有可能打造出健康组织。还有的创业者本人虽然不属于一致型人格特质，但其主要搭档中有一致型的伙伴，这位搭档有效地缓冲并化解了创业者本人对组织的负面伤害，这种情况下的企业组织依然可能趋于健康。当然，一致型人格特质几乎是绝大多数创业核心人物成功的必要条件，但不是充分条件。

二、如何评估管理团队

我们创立一个企业，最首要的并不是如何确立组织职能，而是如何找到自己的核心团队，也就是说团队要先于组织去考虑。一般而言，如果没有合适的团队，或者团队不能很好地相处、沟通、合作，创业公司就很有可能失败。事实上，很多公司都不是死在竞争对手的手里，而是祸起萧墙，团队不能发挥应有的作用。吴建国在《华为组织力》里写道："一个强有力的核心领导班子，需要具备六大要素：班子角色结构完整、合理，事业方向形成高度共识，利益机制捆绑牢靠，运作机制健全高效，管理工具和语言一致，有共同的核心价值观。"[①] 我们对管理团队的评估从个人能量和团队整体性两个层面来展开。

1. 团队管理失败的几种主要情况

罗伯特·霍根在其著作《领导人格与组织命运》中，列举了管理失败的几种主要情况，结合我的实际经验，主要有以下几种情况：

---

① 吴建国,景成芳.华为组织力.中信出版社,2022：246.

（1）初生牛犊。这些人一般是从学校毕业后直接进入商场的，没有任何实战经验，然后就败了。他们之所以失败是因为他们试图马上就能得到财富，但对整个商业运作却了解不够，也没有去了解那些他们还不知道的事情，这是不幸之源。

（2）功臣。这些人在心理上始终保持着要做一名优等生的想法，即使在他们工作之后。因此，他们努力工作都是为了寻找一个正确的答案，一旦发现对于销售过程而言，所谓的正确答案要依靠整个组织，他们的态度就变得冷淡。结果他们会成为一个茕茕孑立的"聪明人"，虽然不乏才智和技术能力，但他们未来的前景暗淡，因为他们的"自我"让他们不愿意加入必要的企业政治中。

（3）老好人。他们过度关注工作中与人相处的和谐关系，不喜欢对质，也不愿意为自己的观点与人争论，因此放弃了更好的表现。

（4）英雄。他们有两个特征：（a）为了完成项目，不惜冲破层层砖墙——即使那里本有一扇敞开的大门；（b）对万事要求全权掌控，包括细枝末节，因此导致了过细的微观管理和对下属的疏远。

（5）反叛者。这些人坚持自己做事的方式、坚守自我，不论周围所处的企业文化如何。他们总是奇装异服，语不惊人死不休，以破坏大多数具有权威性的潜规则为己任。

（6）恐高症患者。这类人怀疑他们所取得的成功；他们感觉自己好像是在冒充高级管理者，非常虚伪甚至装模作样。除非他们能够管理好自己的这种不胜任的感觉，否则，他们所做的类似自我攻击的事情就足以让他们面临失败。[①]

2. 评估管理团队主要成员的自我能量

根据萨提亚心理学理论，每个人的自我能量包括生理的、智力的、

[①] [美]罗伯特·霍根. 领导人格与组织命运. 邹智敏, 译. 中国轻工业出版社, 2009：129-130.

情绪的、感官的、营养的、情境的、互动的、灵性的八个方面。①

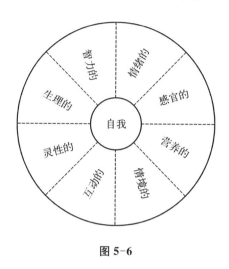

图 5-6

生理能量

生理能量由身体及其运动和功能组成。一个人如何接纳和评价自己的身体,如何帮助身体创造健康和力量,如何享受身体的物理能量和运动,如何运用身体建立坚实和灵性的联结,都是自我的体现。

智力能量

智力能量由头脑的能量思考,相信、假设的能力,有意识地创建和赋予自我、他人和情景的意义组成的。一个人如何接纳和评价自己的智力能力,如何创造性地积极正向地运用它,如何掌管自己的认知过程,都是自我的体现。

情绪能量

情绪能量由各种情绪(有时候也被称为生理和智力的桥梁)的能量组成。情绪的能量意指生存发展过程中的,将我们推向支持我们

---

① [美]维吉尼亚·萨提亚. 新家庭如何塑造人. 2版. 易春丽, 叶东梅, 等译. 世界图书出版公司, 2018:45-52.

生存的事或物而远离威胁我们生存的事或物的能量层面。一个人如何接纳或评价自己的情绪能量，倾听每个情绪之下的智慧，创造性地和正向积极地运用它，并掌管自己的情绪能量过程，都是自我的体现。

感官能量

感官能量包含身体从环境中接受信息的能力，通过尝、触、闻、看和听，一个人通常会以这些方法接受信息。他/她能够有觉察地知道什么信息在被接收、欣赏和接纳自己的感官体验，并以创造性的、积极正向方式对于正在接收到的信息做出积极决定的能力，都是自我的体现。

营养能量

营养能量包含了一个人在某一时刻及时哺育和滋养自己，以满足自己需要的能量。

情境能量

情景能量由一个人与环境联结的能量组成。环境不仅包括一个人的当下的物理环境，还包括在特定人群、特定文化背景下的角色和期待，以及在此背景里的能量。一个人如何开始觉察自己能量层面和情境的联结，开始觉察情境本身的能量以及和自己能量之间的互动，一个人如何接受和评价情境，以及如何以创造性的、积极正向的方法决定运用自己的情境能量，都是自我的体现。

互动能量

互动能量由人与人之间相互联结的能量组成。允许自己开放以和他人联结，伸展自己的能量以联结或保护（防御）自己，成为可能的展现这种能量的途径。一个人如何开始觉察自己联结的能量，以及他人的能量，一个人如何评价和欣赏人与人之间的联结，以及如何以创造性的、积极正向的方法决定用自己的互动能量，都是自我的体现。

灵性能量

灵性能量包含一个人的和直觉联结的能量，以及和其他人、环境、宇宙智慧联结的能量。一个人如何觉察这种能量，如何接受和评价自己的灵性能量和如何创造性地、积极正向地运用这种能量，都是自我的体现。

对于以上八个部分的评估，采用1到5分的打分方法，如果平均分达到4分，且没有明显的短板，则可以判断该团队成员的能量层面是符合要求的。打分评估难度在于团队成员对自我能量的某些部分不熟悉或者知之甚少，从而导致总体结果失真或不准确，因此，得到心理咨询师的支持和帮助就很有必要。在实践中，投资人通过几次接触，就会对团队成员个人能量形成直观的感受和初步印象。如果能够把直觉印象与评估方法结合起来，投资人对团队成员的评估能力会得到进一步的提升。

3. 评估管理团队整体性的六个维度

健康组织是创业成功的前提条件，我把管理团队整体性的评估归纳为目标、匹配、稳定、多元、协作、成长六个维度。

图 5-7

一是目标。管理层团队成员的创业初心十分关键,如果团队主要成员多数秉持事业导向的价值观,衷心热爱所做的事,以为客户创造价值为企业的使命,这样的团队才能够走得远、走得久。相反,如果创业团队多数属于利益导向的价值观,这样的团队往往难以经历创业低谷期的煎熬和考验,散伙几乎是早就注定的结局。

二是匹配。就是指创业团队人与事的匹配度,这点是投资人必须关注的,尤其是早期项目,投资人主要从团队成员的过往背景和经历来研判。当然,对于以早期企业为主要投资对象的风险投资来说,这种匹配是动态的,需要以发展的眼光来看待。同时,这种匹配不仅要看团队的外在条件,更要重视团队成员的内在特质及资源与开创事业间的匹配性,一定程度上,后者更为关键。

三是稳定。投资人会高度关注团队核心成员认识及合作的时间长短,如果时间过短,磨合成功的几率并不高。我自身曾经历一个创业团队,号称"铁三角",在投资不到两年时间里,核心团队变成了只有创始人一个人的独角戏。同时,是否有牢靠的利益捆绑机制(主要体现为股权结构),也是判断团队稳定性的另一个重要参数,合作时间再长,也敌不过利益的影响。

四是多元。投资人对于团队成员有不同的 DNA 更为看好。资深投资人非常关注团队其他成员里是否有高人或能人,也就是创始人能否吸引优秀人才加盟,最好这个优秀人才在其擅长的领域里比创始人段位更高。如果管理团队其他成员素质及能力明显低于创始人,是投资人所不乐见的,这种情况让投资人开始怀疑创始人的领导力。

五是协作。主要考察团队成员之间的协作是否顺畅,是否能够相互补位,成员间既能够对各自的职责比较清晰,又具有团队意识及合作精神。投资人对协作性的关注不但要从结果来看,还要从管理机制的层面来分析、思考。

六是成长。主要考察管理团队成员的学习能力，这种学习能力体现在方方面面，尤其要考察是否具备很强的复盘能力。犹如在战争中学习战争，团队成员需要在实践中不断学习，然后通过复盘反思，以便及时做出调整改变。投资人特别看好学习能力强、成长快的创业者及管理团队。

投资人评估管理团队整体性可以通过如下的具体方法来展开。一是访谈。通过与团队成员一对一的访谈，对客户的访谈，对基层员工的访谈，对外部合作伙伴的访谈等等，来逐步了解管理团队主要成员。访谈要提前准备好议题，不要变成闲聊，对一些重要问题及难以把握的问题要有反馈、核查或者讨论。二是观察。通过不同的场景，如会议、团建及聚餐等等，观察管理团队对客户、雇员、内部管理成员之间、与外部合作伙伴间的交流方式及反应。三是调查。要尽可能获得公司管理层的背景资料，如重要会议记录、重要人事制度、客户管理办法、供应商管理办法、经销商管理办法等等文件，来印证访谈的结果。四是报告。在以上工作的基础上，最后形成正式的管理团队整体能量的评估报告。

关于团队整体性，我在实践中的做法，采用的是 1+2 的评估结果方法。所谓 1 指的是目标导向，这点是价值观层面上的，也是团队评估的根本和基础，如果判断团队不属于事业导向，而是功利性的，基本上就一票否决。所谓 2 指的是除目标外的其他 5 个维度里，如果判断有 2 个维度基本符合，这个核心团队就达到了投资人对管理层的基本要求。

三、投资人评估创业者的他山之石

虽然在本章前面两节我分别给出了对创业者个人及管理团队的评估方法及工具，但在实践中，许多投资人对创始人的评估各有独到之处，下面做简要介绍。

1. 领导者资质等级

中国明朝的吕坤（字新吾）在其著作《呻吟语》中曾论及领导者所需的资质，他把领导者的资质分为三种：深沉厚重是第一等资质，磊落豪雄是第二等资质，聪明才辩是第三等资质。稻盛和夫在其著作《企业家精神》里写道，"换言之，吕新吾的意思是领导者应当能力、勇气和人格三者兼具，但如果要按轻重排序，排第一位的是'人格'，第二位的是'勇气'，第三位才是'能力'。"稻盛和夫对深沉厚重又做了进一步的阐述："即领导者需要有不浮夸、深思熟虑、值得信赖的厚重性格。"[①] 稻盛和夫对领导者资质的判断，与我本章第一节对创业者人格特质的评估方法几乎不谋而合，又异曲同工。

我切身经历的一位创业者，第一次接触他是在一次创业大赛评审会上。他刚满30岁已经第二次创业，并且已经拿到了一线投资机构的投资；20岁大学毕业就开始第一次创业，并且这个企业已经卖掉。在强烈好奇心的驱使下，在园区工作人员的配合下，项目评审结束后我和创业者加了微信，表达了见面聊聊的愿望，并约好第二天上午见面。在我即将出发前，看到手机微信里拉了一个群，创业者把我和其企业一名员工三人建了个群，在群里说他本人早上要接待客户，希望其员工接待我。我随即在群里发言，问创业者接待客户大概何时结束，我可以晚点过来。过了一会儿，该员工在群里发言，说其老板的会议大约要11点半结束。我当即发言，那就改时间再约吧，这个创业者居然后来与我没有任何互动的信息交流了。由于学习了萨提亚心理学，我当时认为创业者在和我见面这件事情的

---

① ［日］稻盛和夫.企业家精神.叶瑜,译.机械工业出版社,2021：11.

应对上，初步评估其不是一致性的。他只尊重了自己的感受（客户更重要），但丝毫没有顾及我的感受，他可以有多种选择，提前与我沟通一下，是改时间再见，还是中午见。但非常遗憾的是，他在没有与我沟通的情况下，直接安排让其企业员工来接待我，这种安排应该不是一致型人格创业者与人沟通的有效方式。同时，这样的创业者在领导资质里，基本属于聪明才辩的第三等资质，我又何苦在这样的创业者身上浪费时间呢。

2. 创业者评估他山之石

达晨总裁肖冰对成功企业创始人性格有个形象比喻：像唐僧类的，对远大目标坚定不移；像刘邦类的，能够团结五湖四海的人才，为共同目标奋斗；像沃伦·巴菲特类的，谦虚平和，简单专注。可以说企业家的人格是企业能否成功的决定性因素。因为人格决定了企业家的胸怀，胸怀决定了企业能够走多远，做多大。从我自身20多年的投行投资亲身经历过的数十名创业者来看，那些对大成功极度渴望并长期坚持不懈、人格健全的创业者最后大多取得了成功。

我非常要好的企业家朋友分享他的识人心法，首推就是品质力，正直、诚信、可靠，和这样的企业家交往乃至合作，内心感受比较舒服踏实。另外一点就是要经历过磨难，具有很强的"逆商"。这样的创业者在企业遇到困难时，往往能够逢山开路，遇水搭桥。他把这样的识人心法用在企业并购上，屡试不爽。

创始人始终是投资项目成败最核心的因素，下面介绍投资人就创始人相关的各种要素进行评估的经验和方法。

一是要高度关注创始人的个人修为，尽早区分出欲望驱动和理想驱动两类不同的创业者。一般而言，创业者都是属于有野心和激情的人，有强烈的向外张力。但是如果没有扎实的个人修为基础，尤其对内控制私欲的修身意识，那么，在创业取得了一定的阶段性成功后,这个私欲的魔鬼从瓶子里一旦被放出来,自我膨胀,享乐或怠惰思想抬头,轻则影响公司发展乃至家庭稳定,重则触犯法律,自毁前程。如果仔细观察,应该能够从创始人的言行等细节上看出端倪,其创业的动机究竟是欲望驱动还是理想驱动的。

二是究竟是高富帅好,还是草根更好,这对于早期投资人来说是必须回答的问题。对创始人背景要进行细分,如学历只要有个本科门槛即可,过高的学历对创业并无实质性的帮助。如是否有大型机构工作经历,也要细分,如果在行业知名企业有五年以上工作经历且达到一定级别,应该是个加分项的;如果是高校、政府等背景,除非创业项目与背景契合度很高,否则并不能加分。再者,创业者是"海归"还是"土鳖",本身并无优劣,要看做的事和其背景的匹配度,匹配度更高的会相应加分。

三是创业者的工程师背景还是生意人背景,本身并无优劣。但投资人更愿意投资已经进化成生意人的工程师,也就是技术商人,因为这类复合型人才总体来说后劲更足。

四是创业者属一次创业还是二次创业,这也不能一概而论,要区分具体情况。如果二次创业者底层人格特质属于非一致型的,也没有看到改变的迹象,二次创业败走麦城的概率依然很高。相反,创业者属于一致型人格特质,一次创业的经验教训,会对二次创业有所帮助。

五是看创业者的过往背景还是成长速度。这个答案也是明确的,有些草根创业者尽管没有很炫酷的背景,但是他的成长速度更快,所以投资人更愿意投资成长速度快的创业者。

需要指出的是,我们其实很难从一个外部视角真正判断一个创始人的全部,即便对于一流的风险投资人而言,他们在判断一个创始人的时候也仅仅只能从几个少数维度进行判断,有时候这种判断甚至是极其感性的。然而，人是很复杂的，对人的判断出现偏差的概率其实挺大。更重要的是，人生是一个动态的过程，创业是一场马拉松，漫长的过程在不同的阶段对创始人的要求是截然不同的。创业、守业、再增长所要求的能力模型差异非常大，只有凤毛麟角的创业者能快速迭代自己的认知和能力，从而真正带领公司从 0 到 1、从 1 到 N。朱啸虎就多次公开检讨自己是如何错过字节跳动的，当时字节跳动 B 轮找到金沙江创投，朱啸虎当时和张一鸣聊完之后凭直觉判断张一鸣这个人太斯文，没有程维那种强大的气场，最终没有投字节跳动，后来，他肠子都悔青了。当然，在实践中对创业者的判断是艺术而非科学，只能追求模糊的正确，但是力求排除掉明显不符合要求的，是我们投资人应该也必须做到的。

总之，对创业者及管理团队的评估非一日之功，需要借助科学的方法和工具，假以时日在实践中不断总结优化，持续提升投资人对人的评估能力。

  案例 2

关于一致型人格特质

2015 年，我接触到一家以高可靠性传感器及传感网络研发制造为主业的军民融合企业，企业的主导产品属于定制式的，主要应用于航天、航空、兵器、高铁、机械等行业，企业产品高门槛的属性比较特出。同时，定制式产品要被下游装备企业接受，需要经过漫长的性能测试、试运行检验，尤其是军工用户，还涉及保密资质，因此，该企业业务的稳定性不错。但另一方面，传感器本身属于电子元器件细分行业，与终端设备相比，单个产品价值量不高；同时，公司的主导产品都是订单式生产，与面广量大的手机或汽车传感器等消费类电子相比，规模化程度不高。因此，能否抓住机遇，使业务规模上台阶，企业面临不小的挑战。

2016年，公司完成了A轮融资，投前估值8个亿，按当年净利润计算市盈率近30倍。由于当时并没有看到企业上规模的举措和动作，因此，我没有参加这一轮融资。但由于对企业内在品质的认可以及和企业家良好的私人关系，所以我与企业家及团队一直保持高频的接触和交流。

企业在传统的军工市场及民用市场已经占有一席之地，增长的突破口无非三个方向：一是向上游芯片设计领域延伸，解决卡脖子问题，实现产业链自主可控；二是向民用市场突破，找到制造业的客户和应用场景，提高产品的批次规模；三是产品自单一传感器向传感网络系统乃至前端智能控制系统方向发展，提高单位产品价值量。在企业的不懈努力下，经过三年的持续研发，企业的核心产品压力传感器的芯片设计研发成果显现，该芯片到2023年进入量产，企业在主导型号的传感器产品上首次实现芯片设计、器件制造、封装检测的闭环。同时，经过几年的产品测试和试运行，企业被宝武集团确定为设备健康监测传感器供应商之一。再者，企业的无线传感网络的应用也进入了规模化推广阶段，使得企业在军工市场的占有率稳步提升，在工业互联网领域亦有所斩获。因此，我判断该企业未来三到五年的营收复合增长率将会达到10%—20%左右。由于企业B轮融资属于PRE-IPO项目，投前估值较高，而且没有任何回购对赌条款。最后让我下决心投资的关键原因还有我对该企业家一致型人格特质的认可。所以，在2021年，我义无反顾地参与了企业B轮融资，该项目在投资后一年半时间即成功登陆科创板。

项目点评：

1. 军工项目本身属于典型的高准入门槛行业。这个壁垒甚至高于医疗行业，高准入门槛无疑把大量的潜在入局者挡在门外，尤其将外资拒之门外，使得军工行业的竞争生态相对温和。军工行业高壁垒的特征给入局的企业带来的是业务的稳定性，同时军工行业的高要求及对产品高可靠性的要求，也会有助于企业加强质量管理，这些优势使得军工企业进入民用市场具有一定的降维打击优势。

2. 一致型人格特质的企业家是企业不断走向成功的底层逻辑。我们常说投资就是投人，更进一步说投资就是投企业家及团队，那么如何选择企业家及其团队是有经验的投资人的know-how（技术秘密）。根据我二十年的投资经历在对创业者的判断上，一致型人格特质的企业家是成功概率最高的创业者。这种人格特质使得企业内部更有助于形成凝聚力，从而把个人能力有效转化为组织能力。对于企业外部的连接，一致型人格特质的企业家也更有优势，更容易被客户及合作伙伴接纳，即所谓人合在先、事合在后。该企业家的内部合作伙伴许多超过了20年，外部与他打交道的朋友，既有其只有初中文凭的同学，也有院士级别的朋友。他的一致型人格特质让他具有人合的优势，得道多助，这样的企业家成功是自然而然的结果。

3. 对于高品质的硬科技项目的成长要有足够的耐心。硬科技项目的成长一方面需要不断的研发积累，更需要好的应用场景。截至2021年底，该公司获得授权的发明专利21项，实用新型专利37项。公司一方面不断加大研发投入，近三年研发投入累计超过6 000万元，占同期营业收入的近12%。自主设计的压力传感器芯片性能不断提升，已经达到国外同行的水准。在核心芯片的自主开发设计及封装技术、军用大容量无线实时网络传输技术、工业互联网全自动数据采集平台系统、传感器智能补偿技术等领域建立了深厚的技术壁垒。公司作为起草单位参与编制了《MEMS压阻式压力敏感器件性能试验方法》（GB/T 42191—2023）、《微机电系统（MEMS）技术术语》（GB/T 26111—2023）两项国家标准。事实上，企业在A轮融资后，坚持加大研发投入，短期内效益有所下滑，这就需要投资人具有长远眼光和耐心，毫不动摇地支持企业的研发创新。

4. 投资风险不容忽视。硬科技项目由于投资周期长，需要不断研发、创新和试错，并且长期保持重资本支出；同时，硬科技企业普遍产业链较长，需要全球化配套合作，上游芯片及关键零部件存在着断供的风险。2022年10月，公司被美国商务部列入"未经验证清单"（UVL）的公司名单。根据美国《出口管制条例》，若因持续拒绝协助等原因而导致被加入 UVL 名单后，60 日内仍未能完成美国商务部最终用途核查的，则美国商务部工业安全局将启动程序将涉案企业加入"实体清单"。因此，公司存在被列入"实体清单"的风险。若公司未来被列入"实体清单"，可能对公司采购来自境外的部分感测元件、电子元器件等原材料产生一定限制，并对公司的日常经营带来一定影响。[①]

[①] 2023 年 8 月，美国商务部工业与安全局官网发表声明，宣布将 33 个实体从"未经验证清单"（UVL）剔除，其中 27 个实体位于中国，公司位列其中，该声明将从 8 月 22 日开始生效。

第六章

企业家精神评估

企业家精神既非技术又非艺术，而是一种实践。对企业家精神的判断要抓住本质和要点，其中的内核就是创新，创新既可以是研发技术创新，也可以是商业模式创新，还可以是开辟一个新市场（主要表现为国际化），亦可以是管理机制创新。我认为投资人评估企业家精神只需要抓住两点：一是创新，二是领导力，企业家精神就是创新+领导力。在投资实践中，企业家精神评估主要用于已投资项目的再评估上。本章主要围绕创新和领导力两个角度来展开论述。

一、创新是企业家精神的本质特征

1. 德鲁克关于企业家精神的论述

德鲁克对创新与企业家精神的研究始于20世纪50年代中期。经过30余年的研究和实践，他于1985年出版了《创新与企业家精神》一书。在该书中，德鲁克回到了萨伊对企业家的定义，同时又发展了熊彼特的理论。他用了整整一章的篇幅来定义企业家和企业家精神。在德鲁克看来，"企业家"（或"企业家精神"）就是：①大幅度提高资源的产出；②创造出新颖、与众不同的东西，改变价值；③开创了新市场和新顾客群；④视变化为常态，企业家总是寻找变化，对它做出反应，并将它视为机遇而加以利用。综上所述，在德鲁克眼中,企业家(或企业家精神)的本质就是有目的、有组织的系统创新;而创新就是改变资源的产出,就是通过改变产品和服务,为客户提供价值和满意度。所以,仅仅创办企业是不够的。一个普通人开了一家餐馆,虽然他冒了一点风险,但不能算是企业家,因为他既没有创造出一种新的满足,也没有创造出新的消费诉求。但同样在餐饮业,麦当劳的创始人雷·克罗克却是杰出的企业家,因为他让汉堡包这一在西方很普遍的产品通过连锁的方式进行标准化生产,大大提高了资源的产出,增加了新的消费需求,影响了人们的生活。

德鲁克同时也告诉我们企业家(或企业家精神)与什么无关:①企业家(或企业家精神)与企业的规模和性质无关。无论是大企业还是小企业,无论是私人企业还是公共部门(包括政府部门),无论是高科技企业还是非科技企业都可以有企业家,也可以具备企业家精神。②企业家(或企业家精神)与所有权无关。无论是企业所有者,还是职业经理人,还是一个普通职员,都可以成为企业家,并具备企业家精神。③企业家与人格特性无关,他们不是"专注于冒险",而是"专注于机遇"。德鲁克用他惯用的辛辣讽刺口吻说道:"企业家精神之所以具有'风险',主要是因为在所谓的企业家中,只有少数几个人知道他们在做些什么。大多数人缺乏方法论,违背了基本且众所周知的法则。"[①]

2. 创新的分类

我认为,创新主要有如下几种常见的分类:

其一,突破性创新与延续性创新。突破性创新,是2016年公布的管理科学技术名词。指有根本性重大技术变化的创新,常常伴随

---

① [美]彼得·德鲁克.创新与企业家精神.蔡文燕,译.机械工业出版社,2022:文前页.

一系列渐进性的产品创新和工艺创新,如一类创新新药、人工智能技术的应用及其对传统业务的替代。延续性创新是指在现行技术基础上对已有产品和工艺进行局部改进与创新。如健康食品、数字自动化控制系统都是在原有产品和技术基础上逐渐改进而形成的,属于延续性创新的范畴。

其二,技术创新与商业模式创新。技术创新是以创造新技术为目的的创新或以科学技术知识及其创造的资源为基础的创新。既包括开发新技术,也涉及将已有的技术进行应用的创新活动。商业模式创新是改变企业价值创造的基本逻辑以提升顾客价值和企业竞争力的活动。既可能包括多个商业模式构成要素的变化,也可能涉及要素间关系或者动力机制的变化。

其三,内涵式创新与外延式创新。所谓内涵式创新指创新范围限于企业内部,主要是企业内部资源的创新配置和整合,包括技术创新,也涉及管理机制创新。所谓外延式创新指创新活动主要面向企业外部,包括开辟新的市场,也涉及并购新企业,从而提升企业竞争力。

3. 企业家精神评估的误区及难点

在投资实践中,对企业家精神的评估成为许多投资人的盲区和误区,下面具体论述一二。

(1) 把企业家精神与企业家名气及领导力混同

许多投资人依据企业家的名气或企业的规模来推断企业家精神,还有些阅历较浅的投资人对某些企业家盲目崇拜,这会产生严重的误判,如果企业家失去了创新精神,企业的发展就遇到了天花板,公司竞争力会不断下滑。我们投资人需要以平视的角度来研判企业家精神,既要听其言,更要观其行;前者是判断企业家有没有创新的意愿,后者是观察企业有没有创新的实力。由于大多数职业投资人缺乏企业经营和管理的丰富经历和深厚积淀，所以他们最为头疼的就是理解与研判企业家精神。

还有些投资人把企业家精神与领导力混同，其实二者虽有重叠的地方，但本质上是两回事。领导力可以包含创新，也可以不包含，由领导力加持的创新会有可持续性，这才是真正的企业家精神。

（2）难以把握创新的风险与代价

投资人如何看待创新并把握创新的风险都是极具挑战性的。一是投资人自身的局限影响了其对创新的判断。投资人的局限性包括知识结构、认知能力、心理素质等等。在投资实践中投资人与创新项目擦肩而过的例子俯拾皆是，原因就在于投资人当时没有看懂项目的创新点。二是创新的高投入对短期业绩带来的影响。尤其是研发创新，高投入往往给短期业绩带来负面影响，甚至造成巨额亏损；上市公司因实施股权激励，高额的股份支付也会给企业的短期业绩带来负面影响。三是不可能确保企业每次选择的创新项目都是对的，这个风险也是投资人要有思想准备的。

以雅培历史上一次最为著名的并购为例，1999年，化学制药巨头巴斯夫计划回归化学主业，有意转让旗下药品板块的专利。辉瑞闻风而动，马上开始接触。雅培首席执行官白千里也动心，直接奔赴德国巴斯夫总部。白千里发现，巴斯夫的诺尔制药只是一个二流药企，没有什么产品上市，但有一款名为D2E7的在研药物，二期临床试验结果对治疗关节炎的效果不错。最终，白千里拿下了巴斯夫旗下的诺尔制药。当时的公开消息只披露巴斯夫出售了D2E7的专利权，直到正式的拍卖公告出来后，公众才知道白千里将巴斯夫旗下的诺尔制药都吃下来了。就是这个D2E7，差点让辉瑞这个"宇宙第一大药厂"的地位不保。后来，D2E7有个响当当的名字：药王"修美乐"。开发出修美乐的研发团队最后从雅培公司被拆分出去，成为今天的艾伯维。可以说，白千里既是艾伯维的伯乐，更是艾伯维之父。但在2000年前后，不少评论认为白千里买下诺尔制药是愚蠢的，这家公司是巴斯夫不看好的业务，产品还完全看不到市场前景。更关键的是，当时的雅培制药业务处于青黄不接的阶段，D2E7到了二期临床，还需要更多的投入研发，到底能不能成还难说，雅培可能会接下一个烂摊子。但白千里说服了雅培的管理层，决定在D2E7上赌把大的。后来到底烧了多少钱，雅培没有披露，但有消息称，为给D2E7输血，雅培还出售了其他技术和产品。3年以后，治疗类风湿性关节炎的"修美乐"在美国上市。从2003年获批上市至今，"修美乐"累计销售额超过1 800亿美元，超越前药王辉瑞的"立普妥"1 600亿美元的纪录，成为制药史上的一个神话。

这个案例说明了创新的风险，尤其是突破性创新的风险极大，让企业家的创新之路充满曲折和不确定性，投资人对此更是雾里看花，不明就里。

(3) 风投基金自身短期利益与支持创新之间的矛盾

为何要花专门的篇幅来谈投资人对创新的支持，从风险投资的起源来说，本身就是创新的产物，就是为支持创新而诞生的新的金融工具。但从实践来看，风险投资支持创新与其自身短期利益是有矛盾的，尤其是一些投资对赌条款的设计，对创新是极为不利的。一是短期业绩对赌，让企业创新背上了沉重的包袱。因为无论是技术创新还是商业模式创新，短期的投入都是巨大的，而且也是有相当风险的，投资人追求短期业绩，必然会迫使企业家减少投入，也就让企业家的创新意愿减弱。二是股权基金投资期限较短也制约了企业的创新。我国多数股权基金期限为7年，大多数项目从投资到退出也就5到6年的时间，如果企业不能够在这个时间段完成IPO，就会触发回购条款，在这样的压力之下，企业家对创新的投入必然畏首畏尾，投鼠忌器。三是LP给基金管理人施加的影响和压力，也让基金管理人在选择项目和对已投资项目创新的支持上束手束脚。四是政策扶持经常口惠而实不至，我们各级政府为了扶持早期项目和创新，纷纷出台了各类扶持政策，但最后很少兑现。综上所述，投资人自身利益与企业创新确实存在一定的现实矛盾和冲突，需要政府、LP、基金管理人共同努力，尤其是政策引导不但要加大扶持力度，更需要实实在在的落地兑现。

二、企业家精神评估

（一）企业家精神评估模型

如果我们把一家企业比喻成一套设备或系统的话，那么企业家就是CPU（中央处理器），企业家精神就是CPU的运算能力。基石资本张维把企业家精神概括为四个字："胸怀、抱负"。所谓胸怀，就是齐创共享，与大家分享；所谓抱负，是不单纯以营利为导向，而是以事业为导向，是妥善地、长期地、坚定不移地处理好产业链上下游关系，不是赚一把钱就走。我把企业家精神归纳为"创新＋领导力"。所谓"创新"，就是企业家视创新为生命，不断加大研发

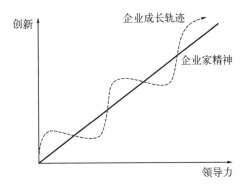

图6-1 企业家精神与创新、领导力及企业成长的关系图

投入,持续推动组织变革,适时优化商业模式。所谓"领导力",就是企业家不但有着过人的个体效能(自力),也有着优秀的组织效能(他力)。持续创新是企业家精神的本质特征,而卓越领导力是让创新不断开花结果的根本保障。创新及领导力是企业家精神的两个支点,同时,创新维度和领导力维度的共同提升就是企业家精神不断精进的对外呈现,企业家精神是企业长期成长的决定性要素。

(二)企业家精神评估之一:创新

我认为投资人对企业家精神的判断要抓住本质和要点,内核就是创新,结合我的自身经验,我把创新评估归纳为"一个成果、四个要素"。其中,创新成果所占权重为40%,其他四个要素权重分别为15%。

图 6-2

1. 创新成果评估

创新成果的评估可以从以下几个维度来展开:一是企业是否有新产品开发或新业务储备规划,每年新业务收入占总营收的比重是否逐年提高。二是研发成果（专利等知识产权）是否逐年增加，知识产权的含金量成色如何。三是企业是否有新市场开发计划，每年营收中有多少来自新市场及新客户。四是企业的结构性无形资产是否有独特优势，包括供应链、生产制造、经销商、客户、管理机制等等。企业是否对提升结构性无形资产的竞争力作出规划，并且持续改善。五是企业创新成果获得各级政府认可的结果，包括高新技术企业认证、专精特新认证、获得的知识产权授权、是否牵头或参与行业标准起草等等。

2. 创新基因评估

人是有基因的，公司也是有基因的。许多企业自创业之初就自带创新属性，这样的属性就是创新的基因。投资人可以从以下几个角度来评估：一是创始人的创新基因。创始人的性格特征里自带创新属性，不甘于一成不变的业务，也不被眼前利益所束缚，而是从骨子里热爱创新的事情，以解决技术上卡脖子或商业上的痛点为己任，目光长远，他便属于事业型的创业者。二是赛道的创新基因。有些创业公司，从其设立起就是细分领域的创新型企业，例如创新药的研发，卡脖子器件或设备攻关等等，这类企业设立就是以创新为使命的，而且大多属于突破性创新，极少数企业的赛道或者商业模式甚至是独一无二的。三是团队的创新基因。有些新公司从创业团队构成来看，就是奔着创新去的，尤其是跨界组合的团队，往往更容易把创新落地。

3. 创新投入评估

企业创新投入评估可以从以下几个方面来展开：一是企业每年的研发投入是否逐年增加，研发投入占营收的比重是否逐年递增；二是企业研发人员是否逐年增加，研发人员比例是否逐步提高，研发人员的能力结构是否稳步改善；三是企业研发协作情况如何，是否有稳定的研发协作关系或平台；四是阶段性研发进展情况如何，小试及中试项目布局情况，对现有产品迭代的研发投入情况；五是企业其他创新活动，例如开辟新市场、管理机制变革等方面的投入情况。

4. 创新机制评估

企业要想长期且系统化地创新，必须有先进机制加持。创新机制评估可以包括以下几个方面：一是创新激励机制。企业对团队创新的激励机制是否落实到位，高效的激励不但能够调动现有团队创新的积极性，而且能够吸引优秀人才不断加入创新团队。二是创新的考核机制。创新的考核是很有挑战的，过严不利于创新，过松又可能导致效率低下。难点不仅在于对于阶段性创新成果的科学设计及评估，既要有目标，又要有弹性。更在于企业家要有勇气冲破内部阻力，构建有别于业务及行政体系的考核机制。三是创新组织及资源保障。对于有一定规模的企业来说，创新的最终目标可能就是颠覆企业现有的主营业务，因此要从组织上另有安排，平衡好生存和发展的关系。对于小微企业来说，如何集中有限资源，力出一孔，实现单点突破，对于创新落地至关重要。

5. 创新文化评估

创新文化的评估可以从以下几个方面进行：一是企业主要负责人对创新失败的包容性，这种包容性体现在方方面面，如对创新失败的态度、对创新团队的考核弹性、对创新失败原因的总结等等。二是创新在公司体系中的地位和作用是否突出，如果创新团队在公司是受人尊崇的，他们创新过程中经历的孤独和痛苦被公司看见，这样的文化氛围无疑是有利于创新的。三是普通员工对创新的态度，尤其是对创新失败的态度。如果一家企业只有老板是鼓励创新的，这种鼓励并没有被多数员工普遍理解和接受，那么大多数员工对创新漠不关心,甚至认为自己承担了创新失败的后果而感到不满,这样的环境也是不利于创新的。

需要强调的是,创新评估是一项充满挑战性的工作,主要体现为以下几点:一是创新的客户导向,很难有企业不靠创新可以生存下来,但创新必须是在用户导向前提下的创新,而不是为了不同而不同的创新。二是创新进入无人区,这种颠覆性的创新前途未卜,风险极大,对企业领导人及投资人的素质要求极高。三是创新失败的时候,此时,是在原有基础上继续加大投入,还是另辟蹊径,对企业管理层和投资人的选择面临的压力也是显而易见的。四是创新收益的评估困难也不小,有些创新投入大,但产出并不理想,相反,有些创新投入不大,但收益颇丰。创新收益评估总体视角就是观察企业新的增长曲线的构建是否成功。据我的经验,企业第二增长曲线成功的标志就是创新业务的收入超过传统业务的收入。总之,对创新收益的评估,对于企业管理层及投资人来说,挑战亦不容小视。

(三)企业家精神评估之二:领导力

经纬创投创始管理合伙人张颖在《华为组织力》推荐序言里写道:"我的一位连续创业成功、非常优秀的创始人朋友对组织力有一段表述,我非常认同。他说企业从 0 到 1 的时候,比拼的是创始人对自己的理解,并把自己的特长发挥到极致。而从 1 到 10 的时候,就需要提升对别人的理解。用心去观察和认识身边的人的优势和问题,以及背后的驱动力和原理,帮助团队获得成长,和不同的人一起高效协作。创业群体里面,能够完成 1 到 10 的只有千分之一,做到的就能活下去,做不到的就自然被淘汰。"[1]

关于领导力方面所发表的文献归总起来近乎海量,下文只是依

---

[1] 吴建国,景成芳.华为组织力.中信出版社,2022.

据我在投资实践中对领导力的观察和思考，提出投资人对领导力的评估方法。这里借用稻盛和夫对领导力的分类，把企业家的个体效能称之为自力，把企业家组织层面的效能称之为他力；前者体现了企业家对自己的理解，后者体现了企业家对他人的理解。下面分别进行论述。

1. 领导力评估陷阱

尽管对领导力资本的重要性已经获得投资人的广泛认可，但领导力评估的现状却不容乐观。由于缺乏系统的工具及方法，国内绝大多数股权投资机构对领导力评估基本依赖于资深投资人的直觉，因此，领导力评估存在不少陷阱。

其一，以对创始人的直觉感受代替对管理层团队的评估。创始人在企业里的作用是毋庸置疑的，尤其在初创企业里，创始人几乎就约等于管理团队。但是在企业发展到一定阶段后，管理团队的作用愈发凸显。因为，优秀的创始人只有把管理团队建设好，其个人能力才能够有效转化为组织能力，这样的企业才能够做大做强，并顺利走向资本市场。在实践中，由于各种因素，投资人接触其他管理团队成员并不容易，更谈不上对管理层整体素质及能力的评估。

其二，没有产业背景的投资人对领导力的直觉感受有许多盲区。有中大型产业机构工作经历的人，对领导力有很强的感受力，也有自己的判断视角，他们不但听其言，还会观其行。但是，没有这种经历的投资人，如果仅凭直觉感受，就会由于内心并没有好的领导力标准，导致产生误判，或者把领导力评估打入冷宫（不予重视）。例如强势的创始人既不是好的领导力标配，也不见得是不好领导力的标签，此时，没有产业经历的投资人会根据自己的喜好对强势创始人的领导力进行主观评判。

其三，以创始人对投资人的态度代替对领导力的评估。有些创业者，尤其处于资金链非常紧张时期的创业者，对投资人刻意逢迎，并指使其他团队成员进行配合表演，这会让资历较浅的投资人产生好感。不幸的是，如果投资人把这种好感转化为认同，最后对投资决策投了赞成票。这笔投资由于对人的误判，一开始就埋下了失败的种子。

其四，把领导力评估指标量化并据此进行评估。领导力评估是艺术，并不是技术。对一些因素赋予权重和分值，本身就存在一定的主观假设，需要和评估者的经验相结合，才有可能提高量化结果的参考价值。如果评估者缺乏相应的经验，仅仅根据问卷表格进行打分，这样的分值可能没有任何实际价值。

其五，把领导力的评估静态化。我们风险投资机构投资的企业大多属于中小型企业，甚至有不少是初创型企业。如果把领导力评估静态化，就把创业者及其管理层团队的成长这个最大的变量给忽略了，静态化评估的结果对投资决策的意义也就会大打折扣。

2. 领导者的自力评估

稻盛和夫把领导者的个体效能称为自力，概括为"经营12条"，这12条与戴维·尤里奇关于领导力个人层面的五个维度大同小异。结合我20年的投资经历，我把领导者的自力概括为以下五力：

一是品质力。我们投资人对领导者自力最重要的品质要求就是为人可靠，这种品质外在表现为正直、诚实、谦虚、厚重、不玩弄花招、不以权谋私、不搞特权。这种品质力与一致型人格特质非常接近。每位可能成为领导的人都要面对这个问题，就是他们能不能值得人们的信赖，不滥用职权。可以这么说，品质力是领导力的基石，离开了品质力的领导力是可怕的，也是可悲的。

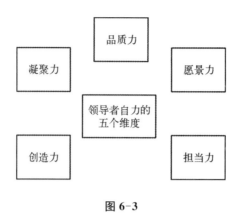

图 6-3

二是愿景力。拿破仑说过:"领导就是买卖希望的。"而愿景就是他们的货币。创业者内心要有对事业成功愿景的丰富想象力和极度渴望,加上强大的内驱力,使得他们在艰难的创业历程中笃定前行,义无反顾。今天当我们再来看当年雷军讲故事的时候,你会发现,他的思路及语言是异常清晰的,极具鼓舞的作用。那么他的追随者,就会信任他的引领,这种信任可以说是无价的。雷军经常说,你要相信我,相信我比你有钱。这其实是一个领导者的动员能力,他所具备的这种力量,满足了吸引更多人才加入的基本要求,是他获得成功的一个关键要素。没有强大愿景力的领导者,不能赢得团队和员工的信任和追随,使得队伍走着走着就散了。

三是担当力。领导的日常主要工作就是决策,好的领导力体现在情况不明朗甚至危机时刻的担当,这种担当就是企业组织的定海神针,这种领导力让团队有了主心骨和依靠。在我看来,一个没有主心骨和靠集体决策的初创公司基本上是不会成功的。这种担当力加持下的决策能力,会让主要领导者的决策胜任力不断增强,这种积小胜为大胜的决策,日积月累就决定了组织的命运。

四是创造力。稻盛和夫多次在演讲中指出:"在经营企业时,如果十年如一日地重复相同的动作，企业就不可能得到发展。然而，即便想发挥创意，做出独一无二的创造，也无法一蹴而就。只有每天刻苦钻研，不断创新，精益求精，使明天胜过今天，后天胜过明天，才能够做出真正具有创造性的工作。"① 由此可见，持之以恒的创造力是企业家自力的重要组成部分。

五是凝聚力。企业家首先是个领导人，识人、选人、用人是其核心的工作。创始人必须具有相当的凝聚力，这种能力既体现在物质层面的股权激励和绩效机制上，也体现在识人用人，善于人尽其才，尽力留住优秀员工，维护高层团队的稳定性，能够和不同背景的人合作等方面。创始人只有具有相当的凝聚力，才能聚集人气，打造健康组织，才能够把企业做大做强。这种凝聚力可以从其过往的履历背景中看出端倪，如在学校是否当过学生会干部，现在的合作伙伴当中是否有长期追随者等等。

当然，以上五力权重并不相同，品质力是基石，是可以据此一票否决的。其他四力不要寄希望在一个创始人身上同时兼备。在早期，创始人如果具备两到三个特质就相当不错了，因此投资人更希望看到创始人的成长和进步，只有不断成长进步的创始人才是投资人最心仪的。对于中后期企业而言，以上四力可以分布在管理团队不同的人身上，这样的团队也是投资人满意的。

3. 领导者的他力评估

稻盛和夫把领导者的组织能力称为两个他力，一是调动他人积极性的能力，二是可资利用的宇宙之力。这二力与戴维·尤里奇关于领导力组织层面的五个维度大同小异。结合我 20 年的投资实践，尤其是深度交往合作数位企业家的经历，我把领导者的他力也高度

---

① ［日］稻盛和夫.企业家精神.叶瑜，译.机械工业出版社，2021：51.

概括为以下"五力":

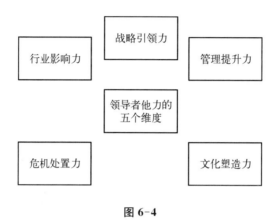

图 6-4

一是战略引领力。战略引领能力是企业可持续发展的重要前提条件,战略管理首先要解决企业做什么,这类企业不但能够选择长期向好的赛道,还具有产业链的整合能力,成为产业链的领头羊和组织者。战略管理能力还体现为战略定力,也就是不做什么上。许多企业家经不住诱惑,去赚快钱,追风口,搞房地产,结果往往偷鸡不成蚀把米,把主业荒废甚至拖垮。投资人判断企业战略管理能力的难度在于对赛道是否具有足够的经验和认知,否则,很容易被风口里的创业者带到沟里。

二是管理提升力。战略的成功是需要机制做保障的,一般来说,纯业务的成功,而不是管理机制上的成功,短期内是可能的;但是只有做到管理体系上的成功,企业才能保持长期的可持续的增长。在华为公司,有一个关键数据鲜为人知,就是他们每年都会拿出总销售收入的3%用于管理变革,由此可见,管理机制持续变革及管理能力提升对企业成长的重要性。由于管理机制看不见、摸不着,对于没有企业经营管理经验的投资人来说评估有些困难,没有经验的投资人往往被能说会道的创业者忽悠。对管理机制的判断要听其(企业家)言,更要观其行,要多维度去听,还要多角度去评估。一位我认识二十多年的企业家给我上了一堂管理能力的最生动的课,该企业家从事非常传统的铜板带及管线材加工业务,毛利率通常只有3到5个点,在其出色的管理机制加持下,公司成为全球铜板带材加工行业龙头。并且,在企业上市后,通过管理输出和赋能,公司跨行业控股收购的两家高科技企业也都获得了长足的发展。

投资人尤其要关注公司的熵增现象,公司初创时往往生机勃勃,但是多数企业好景不长,保守思想有所抬头,活力开始丧失,怠惰现象逐步弥漫。企业家如果没有持续的管理变革理念和决心,运用熵减三法则(打破稳定、促使开放、集中资源发力突变型机会)进行组织变革,持续提升企业管理效率,那么,这样的企业"护城河"损毁是迟早的事,投资人时常需要保持清醒。

三是文化塑造力。企业家的领导力也体现在把文化价值观的表述转化为具体可衡量的行为上,塑造一个清晰、可被员工广泛认可的理想文化,把公司的品牌和文化价值观联系起来。例如华为的企业文化"以客户为中心,以奋斗者为本,长期艰苦奋斗",短短几句话就把企业的使命、价值观交代得清清楚楚。对企业文化的判断困难之处在于并不存在一个标准的范式,企业文化在不同的发展阶段也是不断演化的,先进企业文化不仅仅体现在企业内部和谐的人际关系上,更体现在可以给团队及员工创造一种有利于成长与进步的能量场方面。正如吴建国在《华为组织力》序言里对任正非的评价:"刚刚接触任正非的时候,感觉他就是一位盖世英雄,才华横溢、勇猛无比。但时间久了,对他老人家就有了不一样的理解。其实他更像是一位筑梦者，把自己的梦想变成大伙的梦想，并激发大伙为了共同的理想而长期奋斗下去。"① 这个筑梦的能力就是塑造企业先进文化的能力。

好公司与坏公司的真正区别，并不在于厂房、设备、生产线上，而在于企业文化。投资人要通过观察和访谈，观察老板在员工中的威信，员工是否从内心真正尊重自己的老板，公司的文化是否积极健康向上。考察企业文化的正向指标包括忠诚、技能、激励、灵活性、工作氛围等等；反向指标包括离职率、缺勤率、腐败寻租、山头主义等等。不少投资人把企业文化与企业的宣传包装相互混淆，事实上二者并不是一回事，许多企业的外在包装宣传与实际的企业文化甚至背道而驰。

四是危机处置力。风险投资人投资的是企业家，而不是小生意人。企业家与生意人的区别是巨大的，企业家是由使命感召唤的，因此他做的事是创新的，往往伴随较大的风险。没有偏执的勇气和魄力，既难以做到，更难以坚持。马拉松比赛中有一个很著名的说法，叫做赢家要过心碎坡：前面三十公里左右都是上坡路，你要想跑出好成绩，必须过这个坡，如果不能在这儿挺过去，绝不会成为赢家。企业爬坡，此时考验的不但是企业家的韧劲，更是企业家的危机处置能力。即使企业发展到具有一定优势的阶段，企业问题依然会不时出现，如果有比较恰当的处置方式，就可能及时化解风波，甚至转危为机，沧海横流方显英雄本色。

五是行业影响力。百年企业秘而不宣的秘密是：它不仅是基于一个产品成为生产者，更是基于一个产业链成为组织者。优秀企业家的领导力不但体现在企业内部，还体现在行业组织之中。这种行

---

① 吴建国,景成芳.华为组织力.中信出版社,2022:序言.

业影响力，既包括牵头制定行业标准，也包括能够妥善处理上下游合作伙伴间的关系，凝聚力量共同推动行业变革和进步等等。同时企业家的社会责任也日益受到关注，ESG（环境、社会和公司治理）评估就是从环境责任、社会责任、公司治理三个维度来评估企业和企业家的社会责任，这种他力已经日益得到投资人的重视。俗话说，得道多助失道寡助，稻盛和夫所指的宇宙之力或许与此有关。

以上五个他力的权重不尽相同，我认为战略引领力最为关键。如果企业的战略出问题了，后果将是南辕北辙。这个战略引领力是团队核心领导者必须具备的能力，其余四个他力，可以通过团队其他成员来弥补。

4. 知名投资人谈领导力

晨兴资本创始合伙人刘芹在西湖大学曾就创始人领导力发表演讲，他说，很多人没搞明白，领导力不只是用来做管理，而是渗透在方方面面。下面我具体通过四个层面来定义创始人领导力：

一是唤醒他人。创业者首先是把自己唤醒的人，因为这个世界90%的人，他们的人生和职业是被别人定义的。只有很少的人没被驯服，他们自己唤醒了自己。但是作为一个领导者，光唤醒自己还不够，只是完成了第一步的原始唤醒，真正的领导者不仅要唤醒自己，还有能力唤醒身边的人。

二是面对真相。为什么存在大量的利益冲突，除了本身利益不一致以外，另一个重要原因是信息不对称，而信息不对称的真正原因，就是因为有非常多的人不愿意面对真相。不面对真相的创业者往往会陷入所谓的管理陷阱，我的一个朋友称之为"战略问题执行化，执行问题战略化"，这是典型的不面对真相的行为模式。公司碰到问题，要么是战略出现偏差，要么是执行不到位。而不愿意面对真相的创业者，明明知道是自己的战略不够透彻，却归咎于管理层执行不到位。这是典型的"主帅无能，累死三军"，也是对你管理威信的巨大损伤。另一个极端情况就是，明明执行力不到位，每次定的目标拿不下来，一讨论就随意换方向，这是典型的因为执行不到位带来的战略摇摆。作为CEO，因为你的工作没有做到位，你的信心就不够，很容易浅尝辄止。这种时候更需要创业者有面对真相的勇气，什么时候该进，什么时候该退，非常考验创业者的决策质量。但大部分创业者谈业务比较有心得，回到公司治理和管理机制方面，就容易犯不愿意面对真相的毛病，他们会选择性地不跟股东和董事会沟通，或者报喜不报忧，这是人性使然。如果创业者总是报喜不报忧，公司治理及内部管理的问题迟早会爆发，因为你透支了信用，掩盖了真相，你在维持一个虚假的繁荣，最终你的股东和团队会产生巨大的心理落差，你的董事会和团队成员会开始质疑你的诚信、你的能力和你的人品。其实你只要坦诚地告诉他们发生了什么就行了，良好的沟通是解决问题的开端。

三是发现人才。当年雷军想要寻找供应链领域人才的时候，用了这样一个办法：他逼自己见这个行业里最厉害的50到200个人。一开始雷军也并不特别懂这个领域，怎么办？在完成必要的案头工作后，核心策略是提高见人和信息消化的密度。雷军见第一个人，把自己事先准备的问题丢给对方，消化完对方的信息后作结构化输出，再把它丢给第二个人，拿回来的信息再和之前的交叉验证，这个时候就把两个人的观点内化，接着再外化成和第三个人聊天的内容，如此反复。当雷军跟十个人聊完后，自己的段位在快速提升。当聊到第50个人时，提升的速度是指数级的。他已经可以判断对方在行业里是排前5%、10%还是20%的，当他真的见了100个人时，他发现已经没什么可以问的了。

四是组织建设。当你能够唤醒他人，同时有勇气面对一地鸡毛的真相,剩下的就是解决问题。初创公司的创始人必须具备两种气质,一种叫"传教士",一种叫"杀手"。传教士是唤醒他人的能力,杀手是解决问题的能力。但在早期阶段,"杀手"的气质更重要,因为只有这样才有可能具备从0到1的突破力。但当一个公司成长到需要认真对待治理结构时,光靠个人魅力和个人能力是不行的,一定要回到组织能力的建设上。此时,"传教士"能力则至关重要。

对领导力的评估是一项充满挑战的工作,更多的是艺术而非技术。但其对于投资人来说具有十分重要的意义,投资人不但要多维度而且要多场景来评估创业者的领导力;不但要学会对领导力静态评估方法,还要注意动态跟踪评估创业者领导力的改变和提升;不但要通过成果检验领导力,更要通过压力、困难甚至危机来观察领导力;不但要评估创始人的领导力,还要评估管理团队的领导力。必须指出的是,对于领导力的评估,尽管少数投资机构已经开始系统化、工具化地进行了,把每个维度进行拆解,分成若干更为具体的要素,但是要在短时间内对领导力得出切合实际的结论并不容易,更多可能是模糊的正确,需要经历时间的检验乃至修正。

总之,对于企业竞争力的评估,投资人的尽调除了外包的财务及法律尽调外,自己独立完成的报告主要就两个板块:一个板块是企业竞争力尽调,重点是对广义无形资产尤其是与创新有关的无形资产和结构性无形资产的评估;另一个板块就是对人的评估,包括评估创业者人格特质、管理团队成员自我能量及整体性和企业家领导力三部分,评估人的三个部分尽管视角不同,但却是有机联系且密不可分的。我认为企业竞争力评估报告的拼图是由四部分构成的:一是财务尽调,二是法律尽调,三是企业竞争力评估,四是创业者人格特质、管理团队及领导力评估。

案例 3

关于企业家精神

我投资的这家企业是一家专注基于计算机视觉的高精度3D数字化软硬件技术的科技创新企业,主要从事齿科数字化和专业3D扫描设备及软件的研发、生产和销售。公司致力于成为具有全球影响力的3D数字化技术企业,推动高精度3D数字化技术的普及化应用。公司始终将技术创新视为企业的核心竞争力,积极将研发成果向产业转化,专注于实现复杂结构产品的柔性生产,不断扩大、丰富下游应用领域,持续推广普及3D数字化应用。该项目于2015年完成投资,企业营收从2014年的1个亿增长到2023年(预计的)10个亿,增长了10倍,净利润也从亏损到预计盈利2个多亿(扣除股份支付因素影响)。由于公司在新三板挂牌,股份流动性很好,截止本书出版前,由于实际控制人变更及主营业务经历了重大重组的原因,公司依然没有完成IPO,但公司市值已接近独角兽的水平,该笔投资的账面回报也早已超过了本垒打的水平(指四倍投资收益)。对于已经获利丰厚且流动性充裕的项目而言,能够坚持持有接近10年,最重要的因素就是我从该企业里解读到了企业家精神。

项目点评:

1. 高度重视硬科技投资的高德纳曲线效应。

高德纳曲线是指高德纳技术成熟度曲线,指一项颠覆性创新技术会经历技术萌芽期、预期过热期、低谷期(幻想破灭期)、复苏期、成熟期五个阶段。时间跨度非常长,其中前三个阶段又称欺骗期,可能长达几十年。对颠覆性创新技术的投资,投资人应尽可能回避这个漫长而又诡异的欺骗期。从复苏期介入投资是最理想的。

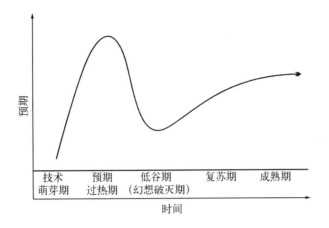

图 6-5

第一台三维测量设备于上世纪 50 年代发明,三坐标测量技术进入三维测量的历史舞台,然而该技术存在着速度慢、操作复杂且自由曲面难以检测的问题。1965 年,罗伯特发表了一篇名为《三维物体的机器感知》的论文,首次提出利用计算机显示技术获取物体三维坐标信息的技术,由此开启了三维测量与计算机相结合的研发序幕。随着显示与镜头技术在上世纪七八十年代进入黄金发展期,光机电一体化的 3D 数字化设备逐渐成为可能。20 世纪 80 年代首台光机电一体化 3D 数字化设备问世,此后的三十年,随着各类软硬件的快速迭代,设备的精度与效率得到了飞速提升。在未来,随着人工智能、机器视觉、VR/AR(虚拟现实/增强现实)以及物联网等技术的突破,3D 数字化设备在各领域的商业化普及有望进一步成熟,并实现更精准的测量与建模。这种技术的市场应用过程会遵循高德纳曲线的规律。一般而言,颠覆性技术从概念提出、技术进步到大规模运用,往往经历漫长的欺骗期,这个时间可能长达几十年。所以投资这类技术既不要在很早期投资,这样你可能这辈子也等不到技术的大规模运用；更不要在投资市场对这类技术狂热的时候投资，因为此时投资意味着在泡沫里淘金，泡沫破裂后往往成为裸泳者；而要在泡沫破裂后，看到技术的应用市场正逐步打开时也就是复苏期开始投资。对这类颠覆性技术投资失败的案例比比皆是，上个世纪末的互联网泡沫破裂让无数投资人倾家荡产。

2. 企业家精神是公司持续成长的决定性因素

由于持有该企业股权接近10年，我对该项目中企业家精神从初步建立起印象到最终心领神会。

其一，关于创新。一是企业研发投入巨大，该企业作为一家尚没有IPO的企业，在研发投入上持续多年（6年）超过1个亿，占当年营收比例达到20%；研发人员比例接近30%。二是研发成果丰硕。截至2022年12月31日，公司拥有授权专利270项（其中授权发明专利119项，含美国、德国、日本、韩国等境外发明专利21项），软件著作权161项，并有182项境内发明专利及美国、欧洲、韩国等38项境外发明专利申请（合计220项境内外发明专利）处于受理阶段。三是研发能力获得多项国家级认证。公司牵头起草了行业标准"白光三维测量系统"，参与起草了国家计量技术规范"基于结构光扫描的光学三维测量系统校准规范"和国家标准"牙颌模型三维扫描仪技术要求"，公司为国家专精特新"小巨人"企业、国家知识产权优势企业。

其二，关于领导力。我对公司主要负责人领导力的逐步提升感同身受，既体现在其个体效能也就是自力上，也体现在组织层面的他力上。当年我和该企业家第一次接触就初步感觉到其身上踏实、谦虚、正直等优秀的人格特质，今天可以定义为一致型人格（当时我不知道这个词语）。随着投资时间的拉长，我看到了公司战略的调整进化，管理机制的探索和迭代；更看到了该企业家领导力在岁月的磨砺下不断提升。当然,公司的发展并不是一帆风顺的,中间经历了几年战略调整的阵痛,困难期间亦有重要成员离职,这更加体现了企业家的抗压能力和韧性。企业家领导力的提升是因,创新是工具,企业成长则是果。

3. 国际化是公司走向隐形冠军的必由之路

该公司是国内装备制造业较早走出国门的企业,近些年公司销售额基本上国际市场与国内市场规模相当,近三年国际市场占比达到六成,使得公司面对的行业市场规模扩大了数倍。行业隐形冠军有一个关键的指标就是国际化,只有在国际市场占据行业第一并遥遥领先于其他企业,才可以称之为隐形冠军。

4. 企业第二增长曲线的构建从山重水复到柳暗花明

经过十余年的发展,企业在工业三维扫描领域建立了一定的先发优势。为了构建第二增长曲线,企业首先把目光瞄准在产业链下游:3D打印行业,先后并购了几家3D打印企业。但结果并不理想,最后被迫剥离出局。幸运的是,企业在向齿科数字化领域的布局和投入上获得了可喜的成效,尤其是口内扫描仪已逐步成为国产领导品牌。第二增长曲线的成功构建是企业创新成果的里程碑。

下 篇

如何内在成长：投资决策模式重建

  我认为投资人成长离不开内在的发展，内在的发展是个历程，分为三个层面，首先是实战层面，要通过案例积累经验和教训，案例是体验的来源，是内在修炼的基础。其次是投资逻辑及策略层面，通过不断复盘和总结，投资人逐步形成自己的投资逻辑和策略，用于指导投资实践。再次是最高层面，就是心性的修炼，在前两个层面基础之上，投资人要持续对项目进行核查和觉察，聆听内心理性的声音，让理性的力量不断生长，开枝散叶。投资人在经历三个层面的内在修炼历程的同时，也是投资决策模式迭代和重建的过程。

  本篇共分三章，第七章我的投资经验与教训，分别从内外两个角度，概括了我20年投资的经验和教训。第八章投资逻辑与策略，详细介绍了我在实践中逐步形成的十大投资逻辑和十大投资策略，这些逻辑策略既来源于实践，又高于实践。第九章投资决策的核查与觉察，是投资人不断提升专业度及向内看的行为，持续的核查与觉察就是投资人修炼的历程，也是理性生长的历程，这个历程没有止境。

第七章
我的投资经验与教训

一、我的投资经验

我的经验从向外和向内两个角度进行总结。首先向外看,就是如何看项目,我把它形象比喻为"六脉神剑"。其次向内看,就是如何理解并发展自己的能力圈。

(一)六脉神剑

在 20 年的投资生涯中,我逐步摸索了一套适合自己的投资心法,为了更形象地概括我对优质项目的理解,我把它比喻为"六脉神剑"。之所以用六脉神剑来形容我的投资心法,一是因为六脉神剑时灵时不灵的特征与投资实战非常相似,非常符合投资实战拷贝性差的特点,即使我自己使用六脉神剑心法来指导投资实战也会出现不灵或失手的情况。二是武功绝学和投资心法难在实际的运用上,同样的心法在内功深厚的高手那里,可以发挥巨大威力;但在武功底子一般人那里,非但不能发挥威力,反而可能弄巧成拙,伤及自身。如果没有深厚的投资修为,六脉神剑也很难用到实战上,因为每个招式都是知易行难,看似简单,在实战应用时方知不易。

1. 辨真伪

从事股权投资 20 年最大的体会就是识别企业信息的真伪是投资人的看家本领,对拟投资对象的造假要严防死守,严防跌入企业造假的坑是投资人的职业生命红线和底线。企业造假以财务造假为主，也包括技术造假和其他各种夸大其词的包装宣传。我总结了防财务造假的几种简单实用的招法：

一是核查法。就是投资人派遣自己的财务人员对拟投资企业进行全面而深入的财务核查。以我自己的一个项目为例，在投资前我感觉企业财务规范程度不高，当时由代账公司管理。我们的财务核查人员前后花了半年时间对企业进行了财务规范，从业务凭证整理到财务流程梳理和内控制度构建，使得企业财务规范上了一个大的台阶。同时，我们也对企业财务数据的真实性有了很大把握，在此前提下，顺利完成了对企业的 PRE-A 轮投资。当然，这种彻底的核查方法对于有一定规模的企业来说可能行不通，企业家未必会配合。比较适合于第一轮融资且规模不大的企业，此时核查的难度不大，且财务规范对企业自身有好处，所以会得到企业的配合。

二是外调法。所谓外调是指不需要得到企业的配合，甚至可以不让被投企业知道的调研。包括对重点客户及经销商、供应商的访谈，既可以电话访谈，也可以现场访谈。对一些消费服务类企业采取浑水公司的做法，派人蹲点数人头以判断单店每天的客流量。对一些个人消费类或服务类企业在产品单价不高的情况下直接购买，以验证客户体验，或者向身边的朋友咨询。总之，外调法是许多投资人使用较多的常规方法。

三是研究法。对于已经投资的公司而言，其财务数据及相关信息是可以得到的，研究的重点放在财务数据间勾稽关系上，以及纵向历史对比，还有和同行业公司的横向对比上。还涉及对企业无形资产含金量的判断，尤其是研发项目的真实性及实际成色的识别上。

四是交情法。就是要和企业实际控制人处朋友，而且私人交情要深，这样投资人得到的信息应该是基本没有水份的，你对企业就会有相对客观全面的理解。此时，投资人掌握的信息和数据透明对称，企业家被证明是诚实的，这笔投资的尽职调查基础就相当扎实。当然，交情法运用的难点在于，你以为和企业家有不错的交情，但事实并不总是如此，所以交情需要较长的时间来检验，也需要从其他渠道得到的信息来验证。

2. 高品质（无形资产）

查理·芒格曾在南加州大学演讲时说道："我们确实从高品质企业那里赚到了钱。有时候，我们会买下整个企业。有时候，我们买下一大部分股票。但是，经过分析，我们发现高品质企业让我们赚了大钱，其他赚了大钱的人，大多数也同样受益于高品质的企业。"[1] 在一开始从事股权投资时，容易存在片面追求低市盈率倍数或片面追求高净利润的倾向。但多年的实践表明，短期的低市盈率和高利润并不是真正的安全边际。相反，高门槛（早期企业）和高品质（中后期企业）才能代表企业长远的竞争力。因为高品质代表着企业的自身竞争力和竞争壁垒，进而意味着企业成长的持久性。查理·芒格曾经说过："我们必须让企业拥有某些特质，以便使其具有持久的竞争力。"[2] 当然，对于风险投资来说，这些高品质并不是众所周知的，而是"潜在"的，用沃伦·巴菲特的话来说是尚未展露的"护城河"。这个判断基于对商业本质和趋势的理解，是非常比拼投资人功力的。投资人只有对企业所在行业的竞争生态了然于胸，准确把握投资企业成长的关键本质因素，尤其是对企业无形资产把握全面而准确，才能对企业的长期竞争力有着接近实际的评估，才会在投资中占有先机和优势。企业无形资产，既包括资产负债表内的研发成果，也包括资产负债表外的品牌和结构性无形资产，表内无

---

[1] ［美］特兰·格里芬.查理·芒格的原则.黄延峰,译.中信出版社,2017：209.
[2] ［美］特兰·格里芬.查理·芒格的原则.黄延峰,译.中信出版社,2017：223.

形资产主要体现在研发成果及产品技术上,技术的创新性高,技术的可替代性低,技术的专利保护性好,就能为企业构建技术门槛。但技术门槛有时效性,企业必须在有限的时间内将技术门槛转化为竞争优势,并通过研发构造新的门槛屏障,这一点对团队的专注度、执行力要求很高。至于表外无形资产,主要包括品牌和结构性资产,其中对结构性无形资产的识别能力是投资人间拉开差距的重要因素。这些结构性无形资产主要包括商业体系、业务流程、供应链、经销商、生产工艺及成本、人力资源及管理层薪酬和股权激励等等。

哈佛大学管理学家波特对企业竞争力进行了高度概括,主要包括:进入壁垒、替代威胁、客户价格谈判能力、供应商价格谈判能力、现有竞争对手的能力。投资人可以从这五个角度来分析研判企业的竞争力与壁垒。西蒙教授最为强调的竞争持久力因素是最难被别人模仿的,这就是来源于员工的工作态度和工作技能。上述管理大师的研究成果为我们研判企业品质提供了有益的思路。

3. 好指标

沃伦·巴菲特和查理·芒格经常用最看重的财务指标来判断企业品质的高低。沃伦·巴菲特曾说,"把价格问题先放一边,拥有品质最好的企业就意味着:在一段很长时间内,可以以很高的回报率大量使用资本。"沃伦·巴菲特非常关注的这个指标就是投资企业的净资本回报率。

对于有一定规模和成熟度的企业来说,财务指标是其经营成果的综合反映,财务指标也是投资人评估企业的重要工具。但是财务指标零零总总有几十个,投资人究竟如何看待和运用这些指标呢?以沃伦·巴菲特和查理·芒格的原则为指导,结合多年的经验,我认为最核心的财务指标有三个:一是毛利率;二是净资产收益率,也就是沃伦·巴菲特所指的净资本回报率;三是经营性现金流。毛利率作为先行指标,可用以判断企业所提供产品或服务的壁垒及先进性,根据经验,我们把50%毛利率水平作为选取投资标的的最低要求,如果产品销售费用极低,这个毛利率也可以下调为30%。净资产收益率反映企业运用自有资产获利的能力,根据经验,一般以15%为理想标准,即三年净资产收益率平均达到15%以上。经营性现金流反映企业实际的没有折扣的经营成果和财务稳健程度,根据经验,一般以正向现金流作为最低标准。

再作进一步延伸分析,这三个指标与企业的品质密切相关。其一,产品或服务毛利率高,可以推断企业产品或服务的高门槛或独特性,同类产品的竞争对手相对较少,从而使企业在与客户的价格谈判中拥有不错的话语权。其二,净资产收益率高,反映公司资本经营的能力强,既可以理解为企业投资方向选得好,也可以推测为企业内部运营管理及成本控制水平高,还有可能是财务杠杆运用得好。其三,经营性现金流好,意味着企业的竞争地位处于相对优势,对下游客户比较强势,才能有良好的经营现金流。相反,相对下游客户的弱势地位,必然形成大量的应收账款。当然,对上述三个指标的运用必须连续观察三年以上,同时配合一定的营收规模和分红纪录,才是适当和可取的。我自己的经验:对于任何一个中后期项目,三个财务指标至少要符合一个,才能入围潜在投资标的。在中国做投资,不论是对一级市场中已经有一定规模的投资标的,还是二级市场的投资对象,都必须高度关注企业经营性现金流,因为并不鲜见的财务造假,让投资人经常上当受骗。因此持续观察企业的经营性现金流并用企业的分红纪录加以佐证,才能够避免掉进财务造假的坑里。

4. 人为本

投资就是投人,20年的投资生涯告诉我一个朴素的道理,最后能够给投资人带来丰厚回报的往往是具有一致型人格又具有企业家精神的创业者。与赛道相比，创业者的素质更为关键和持久，其对投资项目的影响是决定性的。

我对人的评估分为三个大的层面：第一层面是关于创业者人格特质，这是打造健康组织以及企业发展的基础；第二层面是关于管理团队，这是企业成长的中流砥柱及中坚力量；第三个层面是企业家精神，这是企业长期成长的决定性因素。我把企业家精神总结成一个简单的公式：企业家精神＝创新＋领导力，然后分别对创新及领导力的评估给出了具体的方法模型。

我认为，投资项目的理想尽调除了外包的财务及法律尽调外，投资人自己独立完成的报告主要是两个板块，一个板块是企业竞争力尽调，重点是对广义无形资产及创新的评估；另一个板块就是对人的评估，包括创业者人格特质和管理团队及企业家精神三大部分。我心目中理想的尽调报告是由四大板块构成的，一是财务尽调，二是法律尽调，三是企业竞争力评估，四是创业者人格特质、管理层评估及企业家精神评估。在对人这个最具挑战的因素评估上，我开始探索模型、方法及工具。

5. 准估值

回顾我20年的投资生涯，很长时间犯的错误就是对企业的估值能力不足，对投资对象选择了错误的估值模型。就个案而言，总会有一些极好的企业能打破一切普通的估值意义，我之前常说，如果能在20年前买华为的股份，即便是以1万倍的PE（市盈率）买入你依然可以获得傲人的投资回报。对伟大企业来说，定量远不如定性来的重要。但是，再好的企业也不能按天价的估值来投资，因为，优秀（的企业）可以在过程中判断，伟大（的企业）却只是事后的结论。伟大的形成是需要机缘和太多意外因素的，事后总结出的确定性在事前都是不确定的，我们很难在那么久远的以前来确定这些，你只能通过进程中的不断观察来确认你的判断，这就存在一个维持和修正的过程，而一开始的过高估值实际上就剥夺了你修正的权利。所以我认为，即便你碰到的是真正伟大的企业，但你所能支付的极限也只能到优秀为止，而优秀在估值上是有边界的，虽然可以有多因素叠加带来较宽的乘数空间，但估值仍然应该在我们的可理解范围之内。

我们投资人在估值上犯的错误表现如下：一是对传统产业中竞争壁垒不高的企业给予了不低的估值，导致即使项目上市了，投资人获利也寥寥无几甚至无利可图。二是对周期性行业或房地产行业也采用市盈率法来进行估值，事实上这类行业用净资产来估值更为公平合理。三是对新经济中竞争壁垒很高的创新企业因为你看不明白，进而对合理的高估值有些抵触。2023年美团创始合伙人王慧文再度出山，聚焦AI（人工智能）大模型。公司成立仅三个月，就融资2.3亿美金，投前估值10亿美金。这个案例说明了对新经济创新企业估值的挑战性。四是高估了企业成长的可能性，错误选择了估值基数或估值倍数，使得投资品价格中含有不小的泡沫成份。这里面一个很大的估值陷阱就是用今年甚至明年的预测净利润作为估值基数，从实践来看，完全达到预测净利润的项目往往只占十之一二。五是对于所谓的PRE-IPO项目，以已上市同行业企业作简单对标，不分青红皂白地给予高估值，导致一些姿色平平的企业在IPO终止后，回购谈判困难重重。即使它侥幸上市了，收益也会极其有限。随着注册制的推进和深入，上市后估值倒挂也不是什么罕见的现象。事实上，我大约经历了十年的试错和踩坑，才慢慢明白精准估值的重要性。可以说，估值能力是投资人的核心能力，沃伦·巴菲特反复强调的以合理价格投资企业，也就是强调精准估值的重要性。估值能力的提升既有利于以合理价格并在合理时机对标的企业进行投资，也有利于精准把握已有流动性项目的退出时机。

估值的难度难在估，既包括对现有业务稳定性的判断，更涉及对公司未来成长性的期待和成长空间的想象。而这个估的背后核心能力是读懂企业，读懂企业的竞争壁垒，读懂企业的无形资产，读懂企业组织体系，读懂企业文化，读懂企业家精神……精准估值的难点在于不但要了解行业及企业的现状，更要能够洞察企业的未来。精准估值在实践中执行难度不小，在投资时，投资人不但受到认知水平和心理倾向的影响，更会受到竞争对手报价的威胁，以及企业家对估值的过高期待的约束。

6. 金拐点

由于企业成长的非线性特征，选择恰当的投资时机对项目成败及收益大小的影响不容小视。对于风险投资而言，大多是投资创新性事业甚至是颠覆性创新。这种颠覆式创新具有漫长的"欺骗期"，如果投资过早，就会成为"先烈"。或者好不容易熬到黎明，但由于自身基金合伙期限到期等原因，也不得不中途下车。投资过晚，对头部企业的投资不但其估值水平很高，而且很难分一杯羹，甚至出现最后一轮估值高于IPO后估值的情况。对于我们普通投资人而言，找到投资的最佳时机是梦寐以求的，根据我的经验，至少存在三种情况的金拐点：

一是投资对象出现短期负向的事件，但长期正向依然确定的时机。对于一个长期主义的股权投资者，如果碰到短期负向、长期正向基本明确的投资案例，那么就可能是重大的投资机遇，我把它称为金拐点。反之，如果是长期存在重大的负向逻辑和风险，即使短期存在很多正向利好因素，那么也是长期主义投资者需要回避的风险。最为经典的投资时机往往是在企业短期内出现了很大的困难之时，此时投资的价格往往极低。中科招商在2003年以面值投资了南微医学300万，在南微医学科创板上市后，中科招商持有的股份市值约30亿，增值1 000倍。

二是超级A轮时间窗口的出现。早期企业投资有时会出现一个短暂的傻瓜窗口期，由于绝大多数投资人没有看懂，导致被投资对象估值明显偏低。此时慧眼识珠的投资人如进行了大手笔投资，后来投资的企业上市了，投资人经常会获得数十倍以上的回报。对于投资人或投资机构而言，一个超级A轮的项目就足以奠定其江湖地位。与天使投资不同，A轮投资时企业的商业模式已经得到初步验证，其风险与只有创意的天使轮投资相比已经不可同日而语。而且，此时是企业最需要资金的时候，投资人的资金也是效益最大化的。A轮估值谈判时，投资人有较大的主动权，容易达成一个合理的估值。在B轮以后，企业的资金饥渴程度已经有所下降，企业家对自己企业估值的自信心大幅上升，此时估值谈判主动权往往掌握在企业家手中。当然，A轮投资的难点在于对企业的品质和后续成长的判断上，而且投资人容易受到低估值的诱惑，投进去以后发现企业很平庸，那么你的A轮很可能就成为最后一轮了。

三是企业经过前期积累，主导的高科技产品即将从小众市场跨越到主流市场，企业将会迎来一段高速成长的黄金期。就如同孩子进入青春期后依然优秀，那么这个孩子将来成为社会优秀人才的几率就会很大。例如创新药或高端医疗器械获得监管部门注册且市场竞争对手寥寥无几，面向企业的高科技产品获得了行业头部企业的认可和成功运用。在这个特定窗口时期，企业需要融资，招兵买马，为向主流市场进军准备粮草弹药，这个时候既是不错的融资窗口，更是难得的投资机遇。

在投资实践中，更有可能发现金拐点所在的是极少数已投项目，此时,投资人必须抓住机会,大胆增持,少则争取持有股份进入前十大股东行列,多则可以位居第二大股东。

(二)我对能力圈的认识

能力圈的作用在于缩小潜在投资对象的选择范围和半径,在能力范围内进行投资。我认为能力圈是价值投资最重要的基石,离开能力圈,投资活动就变成一场冒险和游戏。查理·芒格多次强调每个人都有他的能力圈,要扩大那个能力圈是非常困难的。查理·芒格说道:"我认为了解自己的能力并非难事。如果你身高 158 厘米,那就别提打职业篮球的事了。如果你已经是 92 岁的高龄,就不要再期待担任好莱坞浪漫爱情戏的主角了。如果你的体重是 159 公斤,你就不可能在波修瓦(Bolshoi)芭蕾舞团担任首席舞者……能力是一个相对的概念。"[①] 所以查理·芒格建议:你们必须弄清楚你们有什么本领,如果你们要玩那些别人玩得很好而你们却一窍不通的游戏,那么你们注定会一败涂地。那是必定无疑的事情,你们必须弄清楚自己的优势在哪里,必须在自己的能力圈之内竞争。

其一,能力圈是诚实的。能力圈的核心是谦虚,查理·芒格在多个场合强调,假自信有多危险,真自信就有多珍贵。由于投资面对事物的广度和深度几乎是广袤无垠的,人类本身的认知和智慧又是非常有限的,所以我们必须极其诚实与谦虚,以敬畏之心在能力圈范围内做投资。能力圈要求对自身掌握的知识极其诚实,对许多看不懂及一知半解的项目统统归为太难,主动放弃。不但知道自己知道什么,更重要的是知道自己不知道什么,也就是知道自己能力的边界在哪里。同时,对拟投资对象抱有谦卑之心,不但要看懂,而且要看透。对其研究必须达到"专家"级,力求掌握准确而高质

[①] [美]特兰·格里芬.查理·芒格的原则.黄延峰,译.中信出版社,2017:186.

量的信息，调研时不但要对财务数据的真实性进行确认，更重要的是把握好企业的内在价值，只有把财务真实性和企业内在品质分析透彻了，做投资决策才能真正做到心中有数。如果对创业者内在人格特质和管理团队的评估也是非常优秀的话，在这种情况下，才有可能下决心重仓投资。就我自身投资体会来说，只有重仓且获得良好回报的项目，才可以确认为能力圈以内的项目。对于轻仓操作的投资，由于认知不到位，投资金额很小，即使获得了很高的回报倍数，也会认为运气成分更大，不属于能力圈范围的投资。

其二，能力圈是专注和有边界的。能力圈要求每个投资机构或投资人需要缩小投资范围和领域。每个投资人由于其知识背景不同，精力有限，只有把有限的精力聚焦在极少数行业里，才能慢慢成为行家里手，才有可能逐渐掌握该行业的竞争格局、商业模式，乃至企业成长规律。能力圈要求我们专注特定阶段的投资，天使阶段、早期阶段、成长期阶段、成熟期阶段的投资规律具有不小的差异，对投资人的知识背景、决策能力和性格特征的要求也有很大的不同。

沃伦·巴菲特曾经说过："事实上，了解自己能力圈的界线可能要比知道这个圈的大小更为重要。"[1] 表明能力圈的意义在于投资者要持续地把精力放在避免犯错误上，这是能力圈的本质和关键所在。

其三，能力圈是相对的。一般来说，医生对于医疗行业的投资相对于酒店员工就有一定的比较优势，他们相对更了解医改政策，并且会预估对相关医疗企业的影响。更有可能的是，他们会从医院高频采购的医疗产品里，判断哪些企业的盈利可能增长的难度会下降不少。投资大师彼得·林奇最推崇的就是每个人要从自己日常工作及生活中发现好企业，然后去买入其股票。就投资人来说，不管

---

[1] ［美］特兰·格里芬.查理·芒格的原则.黄延峰,译.中信出版社,2017：191.

是在一级市场，还是二级市场，必须坚持投资自己容易理解的公司，这就是能力圈最本质的意义。再举个早期项目投资的例子，某个投资人对于创业者特别了解，有超过十年的深度交往。同时，创业者从事的这个项目也与自己的工作或投资领域密切相关，这个项目对于该投资人来说，就基本属于能力圈之内的投资。此外，对于新消费及互联网项目，年轻人就更有体验也更有发言权，这类项目就更接近年轻投资人的能力圈。

其四，能力圈打造是长期而缓慢的。能力圈不等于舒适圈，任何行业要成为行家里手都要遵循1万小时规律，投资行业概莫能外。投资人差不多需要超过十年的实战积累，才能够在细分领域建立起一定的优势。同时，投资人还需要真金白银地投出1亿元（美元），这样会有十几个案例积累。经过1万小时和1亿元（美元）的实践砥砺后，投资人能力圈的构建才上了一个台阶。投资能力圈打造犹如登山，只能一步一个台阶，没有捷径。

能力圈对于一级市场投资人来说意义非凡。对于二级市场投资人来说，跑出能力圈买错了股票，如果幡然醒悟，还有机会斩仓，亏损可能有限。但对于一级市场投资人来说，一旦在能力圈外投资了一个项目，后果会非常严重，因为，股权投资的流动性很差，最坏的结果可能是本金全部损失。能力圈也是知易行难，因为风险投资的最大特点是不确定性决策。很多投资人犯的错误是以为自己知道，是在能力圈之内的决策，但事实上自己不是真的知道，甚至离真相相距甚远，所以能力圈在实战中运用并不容易。同时，能力圈也是个动态的概念，投资人不但要守住能力圈，尽量在能力圈内做投资，更要在能力圈迭代上不断提升优势。因为当今社会发展日新月异，科技进步一日千里，投资人只有在能力圈上不断进步，才能够跟得上时代发展的脚步。

二、我的投资教训

我的投资教训也从两个角度来总结：一是对外的角度，以"踩坑"的方式对失败项目的主要问题进行回顾；二是对内的角度，包括对失败项目以及错过项目进行的反思。

（一）我踩过的坑

在漫长的投资生涯中，踩坑是每个投资人难以避免的，根据我了解的情况，结合我自身的经历，踩坑主要有以下几种情况：

其一，实际控制人没有正念的坑。我投资企业中亏损最大、几乎全军覆没的就是这个项目。当时和企业实际控制人接触时虽有不良感觉，但被以下几个因素干扰，从而放松了警惕。一是企业当时的业绩良好；二是已经启动IPO；三是企业经营班子给人感觉还不错。在企业发展一切顺利时，这个危害未能显示出来。但在企业IPO终止，发展不顺利时，危害就十分严重。这个案例告诉我，一定要知道企业最后是谁说了算，千万不要因为对副手或职业经理人的感觉不错，而忽视对实际控制人的不良感觉。因为在企业IPO终止后且经营困难时，在你希望收回投资时，一定会面对实际控制人。如果这个人没有正念，则后患无穷。这种人在企业发展不好时，主要精力不是放在企业发展上，而是放在对付小股东上，通过关联交易和同业竞争等各种手段来损害小股东利益，直至把公司掏空。

其二，公司文化不和谐的坑。我了解的一个投资项目，也是所谓PRE-IPO项目，在投资后投资人很快发现公司内部并不和谐。团队和员工对实际控制人及其配偶并不是发自内心的尊重，骨干员工流失现象比较严重。在公司即将申报IPO前的辅导验收阶段，内部矛盾爆发，导致IPO计划流产。后来公司不少骨干相继出走，公司业务只能继续靠老板单打独斗苦苦支撑。这种缺乏凝聚力和真正核心的企业要想做大并 IPO，其难度可想而知。

其三，利益导向创业者的坑。我国各级政府为了支持创业，制定了各种创业扶持政策，少则支持 30 万—50 万，多则数百万。这会让一部分利益导向的创业者加入创业大军。他们的目的主要是拿到政府补助，不停地在不同的城市设立公司，以期拿到各种扶持资金。这里面尤其要警惕的就是兼职创业，他本来就是冲着补贴资金来创业的，再加上兼职有退路，成功的概率可想而知。如果投资这样的创业者，投资人后果多半是不幸的。

其四，没有成功跨越鸿沟的坑。在早期企业投资中，大量企业没有从早期的小众市场成功跨越鸿沟，进入主流市场，使得投资人的资金打了水漂。对早期小众市场的验证性订单和销售额过于乐观，想当然地认为企业进入主流市场顺理成章。但市场无情，小众市场看起来不错的产品由于无法满足主流市场对产品性价比的苛刻要求，从而使得企业倒在黎明前的黑暗里，湮灭在跨越的巨大鸿沟中。

其五，财务造假的坑。我虽没有直接投过财务造假的企业，好几次都是擦肩而过。媒体披露、证监会处罚过并已退市的金亚科技，在企业申报 IPO 前曾被人介绍有投资机会，因为感觉业务没有多少技术含量，最后没有跟进。比较可悲的是，这个财务造假的公司竟然上市了，如果投了，反而赚大钱，这是我们过去股票发行制度的悲哀。但是，随着注册制的推进，证券法的修订完善，企业财务造假的难度和代价会越来越大。投资人必须练就一双火眼金睛，去识别并远离财务造假公司。事实上，许多财务造假公司并没有上市，这些造假公司给投资人挖了个巨大的坑。血本无归的结局几乎会毁了一个投资人的职业生命。

另一个不容乐观的情况是，投资企业存在财务不规范以及报表存在水份这个现象并不鲜见。因此，投资人必须在投资前通过严格的核查与尽调，挤掉财务水份，让投资人能够掌握企业真实、准确的财务信息，从而有利于确定合理的估值水平。这种挤水份不但有利于投资合作，更有利于企业长远规范，乃至成功走向资本市场。

(二) 我犯过的错

现在回头来总结，前十年投资失败及平庸项目比例很高的原因。尤其扼腕叹息的是，我错过了一些高回报的优质项目，回头从自己身上找问题，归纳为以下几个方面。

一是心中无圈。我投资前十年能力圈意识是模糊不清的，由于我是投资银行出身，投行服务企业当时没有行业的限制。我把这个认知带到了投资上，前十年我投资的行业有5—6个之多，涉及电子信息、环保、新能源、酒店、专用设备等等，对每个行业的了解都一知半解。导致在投资后一到两年，项目的问题不断发生，和已投资项目的蜜月期几乎都不超过两年，如何处置不良资产几乎成了投后管理的主要任务。

二是目中无人。我投资前十年在人的问题上栽过大跟头，亏损极其严重的项目就是对实际控制人看走眼了。基金投资的多数失败或平庸项目，现在回头来看，企业出问题都出在实际控制人身上。有些人当时接受投资就没安好心，有个创业者，公司规模很小，居然在我们投资款到账的一个月内，用公司捉襟见肘的资金给自己换了辆豪华轿车。有的实际控制人，在公司上市折戟后，把责任全部推给投资人，即使最后分手，退出股权的交易价格只有实际净资产的几分之一，不到原始投资成本的十分之一。

三是成见束缚。成见束缚的最大危害就是错过了好项目，而且不止一次。2015年，一位律师朋友向我推荐了一家半导体芯片和功率器件的研发设计及销售公司，当时公司估值不到4个亿，创始人在行业具有一定的影响力和地位。但由于我对半导体行业不熟悉，大脑里对半导体行业高风险的成见根深蒂固,导致与项目擦肩而过。后来该企业于2020年上市,如果当时投资1 000万,到2021年股份解禁时,持股市值大约3个亿到4个亿。

四是主次不分。主次不分主要就是对企业存在的问题缺乏真知灼见,导致小问题扩大化,或者对大问题视而不见。

2011年,经人介绍,我接触了一家较早期的体外诊断企业,企业的主营业务是POCT,包括医院检验科用的即时检测试剂及原料、检测仪器,尤其是检测试剂的关键原料研发取得突破,开始成功替代进口。当时我对企业负责人印象很好,对企业业务技术也感觉不错。但是当时企业股权还没有理顺,主要负责人还不是主要股东,所以就搁置下来。这个项目2017年上市,如果当时投资,估计有30倍左右收益。这个教训是非常深刻的,对创始人认可且对业务技术也比较看好,虽然存在股权规范的缺陷,但这个属于次要问题,而且是可以逐步解决的问题,当时至少要和企业继续保持接触和跟踪研究。

五是过度乐观。我过度乐观的性格是在投资前期一再受挫后,被家人点醒的。我过度乐观的性格对投资的影响挺大。首先对项目投资准入标准的影响不容忽视,一看投行进场了,我就对项目的IPO前景产生乐观的看法,事实证明,前些年许多所谓PRE-IPO项目,绝大部分都没有走到申报受理这一环节。其次,对已经投资的项目,即使企业问题丛生,但我乐观的性格让我选择性忽视,对所谓好消息不但记忆深刻,而且添油加醋。

六是身心分离。身心分离就是在做投资决策时,大脑和身体是两张皮,二者呈现分离的状态。2007年,我个人投资了一家汽车零部件企业,准备申报IPO。但2008年遭遇全球金融危机,企业业绩下滑幅度较大,但除了不能作为申报期最后一年外,当年业绩并不影响 IPO 申报。由于金融危机来势汹汹，公司投资人几乎都是自然人，部分个人投资者强烈要求退出，企业负责人就希望所有外部投资人同时退出。由于缺乏经验，我也没多想，就同意退出了。戏剧性的事情随后发生，2009 年国家"4 万亿投资"扩大内需，汽车属于重点扶持产业之一，结果作为汽车零部件的该企业业绩大幅上升，并重新启动 IPO。我去企业谈了新的投资方案，虽然价格有所上升，但属于合理范畴，我是能够接受的。但在内部讨论项目时，遭到了其他合伙人的强烈反对，我当时没有能力说服他人。在企业负责人主动和我联系时，我从喉咙里勉强挤出"不参与"三个字的时候，我的后背直冒冷汗，声音也有气无力。这种感受至今记忆深刻。后来该企业顺利上市，上市后又顺利重组成游戏公司，如果当年不退出，那么，按 2015 年公司最高市值计算，增值大约 170 倍，即使按现在的估值水平，仍然有 100 倍左右的增值。

第八章 投资逻辑与策略

股权投资人可长期训练和优化的有两大方面：一是投资逻辑；二是投资策略。事实上，通过对一个个失败项目的事后复盘，发现失败的原因，要么是投资逻辑出了问题，要么是投资策略运用不当。

由于投资人自身性格禀赋的差异，看问题的角度不同，因此会有不同的投资逻辑及策略。并不存在放之四海而皆准的投资逻辑及策略，每种投资逻辑、策略都有自身的应用范围和条件，也存在许多局限，因此，投资人应该在实战中形成符合自身特点的投资逻辑及策略框架。尤其要强调的是，每个投资逻辑及策略都来源于具体情境下的实践总结，背后都暗藏着一定的陷阱。投资逻辑及策略的构建和完善是一个去伪存真、不断迭代的过程，沃伦·巴菲特每年的股东会报告就是对投资逻辑及策略进行反思和总结的结晶。

根据我 20 年的投资经历，我总结出十大投资逻辑和十大投资策略，下面作具体介绍。

一、十大投资逻辑

（一）趋势、赛道、赛手的投资逻辑

趋势、赛道、赛手其实是属于投资中面对的宏观、中观、微观三个不同层面的问题。对于投资人而言，首先要解决趋势也即天时的问题，如果项目不符合大的时代潮流，即使短期财务数据不错，

也难以持久。股权投资要关注的是长期的宏观趋势问题,而非短期的宏观数据波动。因为股权投资属于长期投资,退出少则五年,多则八年、十年。风险投资本质上是面向未来的事业,只有符合未来社会发展大趋势的事业才有可能产生一批顶级大公司,并因此成就伟大的投资家。

在符合大趋势的情况下,投资人需要选择好的赛道,因为好的赛道不但事半功倍,而且容易出大公司。好赛道的标准包括行业成长空间大且可持续,竞争相对良性,目前并未产生寡头,产业本身具有很好的延展性和巨大的市场想象空间。下面用表来具体说明。

表 8-1　全球市值前十大公司变迁

2000 年	2020 年
微软	沙特阿美
通用电气	微软
NTT Docomo	苹果
思科	亚马逊
沃尔玛	谷歌母公司
英特尔	阿里巴巴
日本电信电话公司	脸书
埃克森美孚	腾讯
朗讯	伯克希尔哈撒韦
德国电信 JP 摩根	强生

21 世纪初全球市值最大的十家公司有 4 家是制造业,分别是通用电气、思科、英特尔、朗讯;4 家是服务业,分别是 NTT Docomo、沃尔玛、日本电信电话公司、德国电信;以及 1 家软件公

司和1家能源公司。2020年全球市值十大的公司里，有7家是网络公司，分别是微软、苹果、亚马逊、谷歌母公司、阿里巴巴、脸书、腾讯。另外3家分别是1家能源公司、1家金融投资公司、1家医疗健康公司。

在21世纪初，最大的趋势和最宽的赛道就是科技制造及服务业。20年后（在21世纪20年代前后），最大的趋势和最宽的赛道就是互联网（移动互联网）。那么之后未来的20年，最大的趋势和最宽的赛道现在看来应该会是人工智能。

著名的红杉资本就是重视赛道的典型，这种顶级的投资机构会不断推出内部的未来地图，也就是未来赛道。而且，红杉的投资策略里还包括竞品双投，即在一个赛道上投资两个团队。我对于赛道的经验，就是赛道的市场规模必须达到百亿元，这个赛道的领先企业上市后起步要达到50亿元的市值。赛手指的就是团队，早期投资其实主要就是投人，指的主要就是根据创始人及团队的好坏来做投资决策。总体来看，趋势、赛道、赛手这三者关系是辩证统一的，任何一点都不能偏废。趋势及赛道是天时地利，赛手是核心和灵魂，投资人只有处理好这三者关系，才能行稳致远。

但是，投资机构也不要盲目追趋势、赌赛道。由于对这些所谓的风口和赛道缺乏深入的研究，盲目投资实际上变成了投机，最后导致赛道上人满为患，结果往往导致一地鸡毛。即使赛道赌对了，但投资时机过早，或者押错投资标的，也会成为"先烈"。所以，股权投资的重心还是要落在对具体赛手的选择上，如果足够幸运，这个赛手所做的事符合大的趋势，赛道宽广，那么就有成为大公司的潜力。

需要强调的是，趋势好、赛道宽，一旦形势明朗化，也意味着竞争异常激烈，如果一窝蜂地挤进去投资，最后结果可能适得其反。

最好的投资时机是在大趋势爆发的前夜，找到与趋势匹配的团队，此时往往是最佳的投资时间窗口。

（二）表内与表外的投资逻辑

大多数投资人的尽调报告主要集中在资产负债表内，对表外无形资产、创业者及管理层评估缺乏应有的关注。由于对表外结构性无形资产及管理层的判断比较感性，也难以量化，因此对表外资产的判断基本依赖于直觉。由于表外投资逻辑基本缺失，或者在投资决策中给予的权重偏低，从而给项目失败埋下了隐患。根据我的经验：

1. 表内项目是果，表外项目才是因。表外项目是公司的隐性资产，这些独特的无形资产是公司长期的竞争力要素，尽管没有体现在资产负债表里，但它是企业竞争力十分重要的组成部分。表外投资逻辑判断的强弱是拉开投资人差距的主要原因之一。

2. 对创业者及管理团队的评估既要有感受也要有工具方法。企业表面上看是做事，但企业是由人组成的，事的背后是人。事情做得好坏，可以据此初步判断人是否靠谱，但不能够用事的判断代替人的判断。相反，如果对人的判断比较准确，则基本可以预测事的走向，也就是对未来的"事"有了初步的预判。投资人对创业者的判断大多停留在感受层面，这种比较模糊的感受对决策帮助有限，经常会被事左右或影响。我过去的教训是，虽对实际控制人的感受并不好，但是企业即将申报 IPO，虽然心理上有些勉强，但还是做出了投资的决定，最后在项目 IPO 终止后损失惨重。在我对人的评估逐步掌握了工具及方法之后，如果对创业者的人格特质不认可，除非企业有很深的"护城河"，否则，放弃投资就成为一个理性的决策。

3. 对人的评估是艺术而非科学。俗话说，千人千面，尽管有心理学的工具和方法的支持,对人的判断和评估依然是艺术而非科学,需要投资人与心理学专业人士的配合,更需要在投资实践中不断地总结和提升。

(三)商业模式的投资逻辑

商业模式是投资人最为关注的几个大问题之一,解决的是企业为谁服务,如何取得收入并盈利,为社会创造什么价值的问题。企业的业务可以依据客户形态划分为B端(to B. 面对企业)或C端(to C. 面对消费者)的生意;也可以把企业业务依据产品形态划分为产品制造或服务提供;还可以把业务是否应用互联网划分为线上业务或线下业务;等等。根据我的切身体会,谈谈对以下几种商业模式的看法和投资逻辑。

一是B端+C端的业务模式。一般而言,B端业务比较容易起步,但B端业务起步后迅速复制做大并不容易,会受到下游客户变化的影响,而且现金流一般也不太好。C端业务起步较难,但达到一定规模后比较容易复制,有了品牌效应,业务的稳定性相对较好,现金流也不错。如果企业的业务属于B端+C端的业务模式,二者互补后企业业绩的稳定性和现金流就会上一个台阶。投资人投资这样的企业可预期性更强,也更安心。华为公司就是典型的B端+C端的业务模式,消费者业务(C端)在2019年上半年营收2 200亿,企业业务及运营商业务(B端)营收1 800亿。这样的业务模式,使得华为即使遭到美国政府的全面封锁和打压,2019年上半年依然保持了良好的增长态势。当然,B端和C端业务的商业逻辑差异很大,对公司资源和能力要求相当不同,在时机不成熟的情况下,勉强打通B端和C端业务风险极大。

二是制造+服务的业务模式。一般而言,制造类企业容易上规模,但竞争过于激烈,除非企业进入寡头阶段,否则其稳定性不太好,现金流一般也不太好。而服务业相对而言上规模要困难一些,但稳定性相对好些,现金流也不错。在我们投资的企业中,有些是从制造向服务延伸,也有少数是从服务向研发制造延伸。总之,这种制造+服务的商业模式,对于提高企业的抗风险能力是有很多好处的,我们投资人是乐见也乐投这种模式企业的。

三是设备+耗材的业务模式。一般而言,纯设备业务模式与客户的粘性比较一般。有时设备运行正常,几年都有可能与客户不发生任何业务联系,企业需要不停地开发新客户,会增加企业的营销成本。相反,耗材业务模式与客户的粘性比较强。几乎每月甚至每周都会有业务往来,但耗材业务有时会被设备企业控制,甚至抛弃。因此,设备+耗材的业务模式是投资人所钟爱的。

四是线上+线下的融合模式。随着"互联网+"的推进,许多企业都实现了线下业务与线上业务的融合模式。这种"互联网+"的商业模式的制造业典范企业,"南有尚品,北有红领",其中尚品宅配已经上市,给达晨投资带来了丰厚的回报。这种线上线下深度融合的平台企业,能够有效利用掌握的客户数据,精准为客户画像并建立数据档案。企业利用这些数据平台可以向客户提供精准营销及后续服务,进而为引入人工智能、云计算等新技术,实现效率提升和产业升级换代打下基础。

五是颠覆性商业模式。互联网企业在其创业的早期,往往希望颠覆传统的业务方式,从而形成新的颠覆性的商业模式。但这个过程往往一波三折,扑朔迷离。有些互联网企业早期采用了补贴或价格战的烧钱方式,意图快速地跑马圈地,积累用户。但风险在于一旦补贴或超低价取消后,许多用户会迅速消失。互联网企业在早期商业模式的摸索过程中,经常发现前路不通,需要不断地试错。我接触过几家互联网早期企业,一年半载后与创业者见面,其商业模式已经调整变化了，与原来的模式甚至有很大的变化。早期互联网企业最大的风险就是随时会因为资金链断裂而前功尽弃，甚至破产倒闭。所以，投资人对这种颠覆性的商业模式要有足够的理性和耐心，要有长远的眼光，更要高度重视这种0到1跨越的巨大风险；不要盲目乐观，更不要急于求成。

商业模式投资逻辑最重要的一点就是投资人要有能力提前识别一些具有差异化特征的商业模式，以及判断这种商业模式的复制潜力，同时要警惕伪创新的商业模式。

（四）产业链投资逻辑

产业链投资逻辑要求投资人关注投资企业在产业链中的地位及影响力，以及与产业链上下游合作伙伴的和谐共享程度。如果企业在产业链中处于主导地位，俗称"链主"，并能够与上下游合作伙伴和谐相处，利益共享，无疑这个企业做大做强并成为行业龙头的机会就会大大增加。举个具体例子加以说明：山东六和的主营业务是饲料加工，它建立了一套围绕养殖户的产业链。这个产业链包括什么？如果你买我的饲料，或者说需要资金建鸡舍和猪舍，那么你找银行贷款是贷不到的，但我可以给你提供担保，结果它在山东做了将近30家担保公司，为养殖户提供担保。同时还建了食品加工厂，你养好的鸡、养好的猪可以卖给我，我加工成食品来卖。这才是围绕着一个产业链的服务。正是这种产业链组织者的理念让其从10多亿的销售额增长到几百亿，最后成功被新希望收购。

国内一些头部投资机构的投资已经开始进行产业链布局。自2017年投资3亿元人民币与韦尔股份共同私有化收购豪威科技开始，基石资本就完成了对半导体产业链的地毯式覆盖，EDA/IP、设计、设备、材料、制造、封测、分销全部都有落子。在半导体行业，基石资本累计投资了60余个项目，总投资金额达百亿元人民币。产业链布局投资的好处如下：一是产生协同效应。通过促成投资项目之间更多的合作，帮助产业链上下游企业相互助力、形成合力。二是便于整合并购。在产业链布局达到一定规模和深度后，投资机构就可以着手进行并购整合，从而有利于在该产业上占据制高点，进而把相关领先企业整合成行业龙头。例如红杉资本牵线让滴滴和快滴以及优步中国的合并，使得合并后的滴滴迅速成为出行服务领域的寡头。三是打造产业生态。正因为投资组合中集中了众多的"链主"型企业，以及控股了一家半导体芯片及器件分销上市公司，基石资本才能逐渐在半导体行业内被认可为"半个产业资本"，进而着手打造半导体产业生态体系。

投资人的产业链投资逻辑体现为，更愿意投资布局产业链中强势的业务环节，主要体现为四个环节：一是离最终消费者越近的业务环节；二是上游相对稀缺的资源环节；三是拥有很高壁垒的关键业务环节；四是产业链相对较短的业务环节。这类业务环节普遍的特点是自主可控，应对突发危机的能力强。当然，对于早期创业企业不要奢求产业链投资布局，而要把有限的资源集中在最优势的环节，实现单点突破。

产业链投资逻辑还要重视产业链风险，在贸易战、巨大疫情、逆全球化的冲击下，如果投资企业产业链过长，在产业链中处于弱势环节，关键部件或材料被极少数供应商垄断，那么投资项目就会潜藏着巨大风险和隐患。

（五）回报模式投资逻辑

普通人区分投资机构的优劣就看 IPO 数量这一个指标，这当然有一定道理。但是随着股权投资市场竞争的白热化，相当数量投资机构都可能无缘 IPO 项目，甚至出现即使 IPO 成功了，但投资机构账面浮亏或微利的情况。另一方面，一些新的投资机构对管理费高度依赖，一旦投资项目进展不顺利，LP 断供，导致管理人无米下锅。所以投资人在追求 IPO 这个扛鼎回报方式的同时，还应注重多元化投资回报模式的构建，否则很容易出现因为没有现金流而被迫清算的窘境。

1. 分红

沃伦·巴菲特的长期投资理念深入人心，支撑其理念背后的一个重要原因是其重仓的成熟公司每年都有稳定的分红回报。沃伦·巴菲特在其 2019 年致股东信中披露，2018 年从被投资方合计分红 38 亿美元。对于股权投资人来说，在投资项目中很有必要配置有固定回报的项目。我现有的存量项目中，有一半项目具有持续的分红能力及行为。具体做法根据自身资源禀赋来进行，以实业投资的理念，可以寻找投资高分红的项目，这点新三板及北交所挂牌公司具有一定优势。新三板及北交所挂牌公司股东享有持股 1 年以上分红即可免税的优惠政策，这使得一些经济效益和现金流双好的公司愿意分红。投资这样的公司至少能够产生部分现金流，从而有利于解决投资人自身的日常运营费用问题。当然，还可以投资一些现金流极好的消费品牌企业，这些企业一旦投资成功，会成为投资人的一头现金奶牛。再者就是参与管理的实业投资项目，这类企业盈利后也可以适当分红。我自己对消费赛道项目投资的重要考量就是分红回报率。随着我国资本市场的进步和日趋成熟，不管是在二级市场，还是在一级市场，对分红回报的重视，将是大势所趋。必须强调的是，持续分红必须建立在持续盈利的基础上，而且企业分红不宜超过其年净利润的 50%，否则，会影响企业发展的后劲。

2. 转让

转让是股权投资企业最主要的退出方式，尽管不是最好的方式。转让有两种情况：一是大部分的平庸企业股权必须寻找合适的买家，买家既可以是实际控制人,也可以是第三方,以便投资机构能够及时收回投资。二是对于早期投资人而言,由于其投资进入企业极早,如果后期企业发展势头良好,因此在后面几轮融资中估值提升很快。这种情况建议在 B 轮以后,早期投资人可以适当减持部分股份,以便解决早期投资人的资金循环和现金流问题。

3. 并购

并购是指投资人说服实际控制人将企业控制权转让给上市公司或行业头部企业的行为。这样投资人可以拿到"部分现金＋部分上市公司股权",也可以是全部现金,或全部上市公司股权。这种退出方式对投资人而言,也是相当不错的回报方式。事实上,在美国,由于并购市场高度发达,并购是风险投资最主要的退出方式。

4. IPO

一般情况下,IPO 是投资人最理想的退出方式,不但流动性好,回报也最高。但缺点是无论中外股票市场,每年 IPO 的数量都非常有限。国内一般每年平均 200 多家,对于上万家投资机构来说可谓杯水车薪。当然这种情况随着注册制的全面实行将有所改观,发行家数估计会有所上升,但一些潜力不大的项目 IPO 的投资回报率会明显下降。

需要指出的是,回报模式本身并没有绝对优劣之分,而是要与投资人的资金期限、项目自身特点相匹配。一些产业集团或投资机构陷入困境的一个重要原因,就是对项目回报模式缺乏规划,尤其是对具有良好现金分红能力的项目配置偏少,导致资金链断裂,进而危及自身生存。

(六)硬科技投资逻辑

由于硬科技属于风险投资的主战场,所以掌握好硬科技投资逻辑是投资人的基本功之一。一般而言,硬科技投资具有如下底层逻辑:

一是要注意硬科技的市场需求或应用场景。硬科技创新必须围绕"提高效率，降低成本，改善体验"这三个原则来进行，只有这种供给端的改善与提升具有足够的吸引力，才会产生规模化的市场需求。另一方面，只有较好的市场需求和用户反馈，才能够推动硬科技产品的快速升级迭代。硬科技创新要谨防一些似是而非的伪需求，或可有可无的弱需求。

二是要投资一些有企业家潜力的科学家或理工生。硬科技创新都是源自科学家或理工生的研究，但这些硬科技创新能否成功并得到很好的应用，并造福社会，是由企业家来实施和组织的。所以投资人要投资有胸怀和抱负，并且情商不错的科学家与企业家复合型的创始人。

三是对硬科技创新的产业链要有深入了解和布局。硬科技创新尤其是重大创新需要相关产业链的同步推进，例如新能源汽车就需要整车、电池、电池材料、充电设施、智能控制等产业链相互配套。一些有实力的投资机构甚至沿着产业链进行硬科技投资布局。

四是要重视硬科技产品转化和落地的巨大风险。从技术到商业的链条是极长的，越是创新的先进技术越是如此，这其中的每一步转换过程都存在高度风险。这里提到的风险包括多个层面，既有技术本身的转换风险，也有市场风险和时间风险。一项新技术的出现，从最初的实验室技术到小试、中试或者类似的环节，再到确认技术可转化为商业上可行的产品载体，这个时间非常漫长，失败率也极高，大部分实验室技术是无法完成产业化过程的。硬科技需要有载体，需要体现在最终的落地上，而过度强调技术本身就回避了其后的众多转化过程。实际上在技术落地层面上，规模制造工艺、制造流程精细化、供应链组织管理这些方面的壁垒有可能会比单纯的技术壁垒更具挑战性。硬科技产品由早期小众市场向主流市场跨越的巨大鸿沟风险及应对策略，包括单点突破策略、合作入侵等等。事实上许多硬科技创新企业没有能够成功跨越这个巨大的鸿沟，从而销声匿迹。

五是高度重视硬科技创新涉及知识产权相关的问题。作为投资人要对硬科技相关的研发专利情况有所掌握，防止投了伪创新或专利侵权的对象。同时，也要提醒创业者做好自身硬科技创新的专利保护工作。

六是对硬科技行业的持续高投入要有足够的耐心和平常心。在技术驱动的制造业，从商业侧而言，由于其B端的特性，先天上就快不起来。从技术产品成熟过程看，也要遵循客观规律，要经过多次和客户之间的反复迭代，才可能稳定成熟。这一切都需要时间，不是靠堆钱堆人就可以大幅加速这个过程的。硬科技创新需要持续的研发投入，需要承受失败的挫折与考验，更需要心无旁骛的工匠精神。硬科技创新需要科学家的不懈坚持，也需要投资人的理解与长期陪伴。硬科技投资的高资本支出以及高股权激励，对于作为外部股东的投资人，风险是如影随形的。对于B端的硬科技投资，对其成长性和空间的预期不能过高。而对于C端的硬科技行业，成长的想象空间极大，但能够笑到最后的玩家如同登顶珠峰的选手，类似像苹果公司这样从硬科技公司成功过渡到消费品公司，其市值会非常高，但这个赛道的幸运儿寥若晨星、凤毛麟角。

硬科技行业投资的核心密码就在于技术是否足够硬，门槛是否足够高，迭代是否足够快，惟其如此，才能够阻挡竞争对手的介入。鉴于硬科技企业创新的持续性、高投入的特点，决定了通过IPO或并购是投资人获得回报的最主要方式。

（七）新消费投资逻辑

中外资本市场上，长期给予投资人高回报的行业之一就是日常消费品，也称快消品。伴随经济的发展，消费行业呈现一个持续升级的演变趋势。消费行业投资的核心逻辑就是要抓住消费升级的大趋势，找到符合消费升级趋势的新消费投资标的。

我从事股权投资20年，一直比较关注新兴消费行业的投资机会，我理解的新消费行业投资逻辑如下：

一是"新消费"必须符合消费升级的大趋势，这种大趋势并不是泛泛而谈的，而是需要由创新型企业家来创造需求，或引导需求，把大趋势落实到具体的产品或服务上。举例来说，在由有线通信向无线通信迁移，互联网向移动互联网升级的大背景下，乔布斯推出的苹果手机就是在这种大背景下的极致产品，苹果手机创造并加速了这种消费升级的进程。

二是分红成为重要的回报方式，IPO则是锦上添花，这类企业是最适合长期持有的投资品类。具有持续分红能力的消费品企业让投资人几乎可以避免熊市估值下跌的煎熬，因此，好的日用消费品企业属于攻防兼备的投资品种，一旦持有，就不要轻易转让，可以像对收藏品一样来看待。著名投资机构KKR的消费行业投资主要是以"长期持有＋改善业绩＋适度杠杆"作为核心逻辑。由于杠杆的资金成本很低，分红率超过杠杆资金成本，就会放大自有资金的投资回报。更为重要的是控股以后业绩改善，会进一步提升投资回报率。

三是新消费的市场空间和"护城河"决定了其估值的空间，市场空间越大且"护城河"越宽广，那么其估值的想象空间就越大。这类"护城河"可以是硬科技创新，也可以是商业模式创新，还可以是品牌。苹果股票是沃伦·巴菲特持有市值最大的消费品公司，苹果公司的"护城河"在于集硬科技创新、商业模式创新、品牌创新于一体，所以苹果公司的"护城河"非常宽广。

四是品牌是消费企业的命脉。消费类企业的客户是千家万户，品牌是新消费的命脉，头部企业则是最大的赢家。快消品是C端的生意，最核心的资产就是品牌，这种品牌历经岁月的洗礼经久不衰，往往具有一定的溢价地位，快消品的龙头品牌往往是最大的赢家，这会给投资人带来超额的投资回报。就如同奥运会上，大家几乎都能够记住冠军，而亚军、季军并不容易被人们记住。但是，新消费企业的竞争是一场马拉松式比赛，创新必须不断被普罗大众所认可和接受，品牌必须经历岁月的洗礼和沉淀。早期新消费企业的成长都极其艰难，创新的风险极高，赛道上选手竞争百舸争流，一不小心就会掉队，甚至被淘汰出局。

五是具有金融属性和文化属性的快消品，其估值的天花板会被不断突破。茅台酒的收藏功能，让其具有了一定的金融属性，在日常消费需求之外，又增加了空间更大的收藏需求，使得茅台酒始终处于需求大于供给的状态。医美消费既是一种物质消费，更是一种精神消费，而后者往往不是边际效应递减的，而是会成瘾，这类医美消费需求的天花板会被不断突破。

（八）早期项目投资逻辑

早期项目投资逻辑与中后期项目投资逻辑有很大的不同，这里主要谈以下几点：

一是早期投资以定性分析为主，中后期投资定量分析比重会提高许多。早期创业企业一般没有很完整的经营数据，因此，投资人只能以定性分析为主要依据；而中后期投资对象已经有了比较完整的经营数据，对这些数据的分析研判会成为投资人决策的重要依据。

二是早期投资看企业长板是否足够长，主要看亮点、看要点。因为早期企业存在问题肯定很多，如果求全责备，往往会错过一些好项目。而且早期项目的短板正是需要投资人帮助解决的重点问题。

中后期项目则要看企业短板是否够短、够少，因为企业发展到一定阶段，短板会成为企业成长的制约因素。

三是早期项目看创始人个人，中后期项目则要看团队。早期创业企业人数很少，创始人个人的人格特质、品行和能力决定了企业能否发展起来。但中后期项目，要看创始人的领导力、管理团队的整体素质及协调性。管理团队的整体竞争力将决定企业能够做多大、走多远。

四是早期项目并不以盈利为中心目标，而是将各种技术、服务与创意的组合转变为一种可制造并可复制的产品，并找到可靠的证据来证明这种产品会带来一定的顾客需求。早期企业至关重要的任务是跨越鸿沟，也就是第一个产品从早期的小众市场入侵到主流市场，解决的是0到1的问题。中后期项目的核心任务就是盈利，一方面继续提升主导产品市场的占有率，另一方面相机推出与主导产品相关联的产品，从而不断扩大领地和市场规模，为企业创造更大的盈利，解决的是1到N的问题。

对于高科技项目而言，尤其在互联网及移动互联网创业领域，只有押对"最后的第一名"，才能够获得巨大的回报。所有投资人心心念念都想投到这最后的第一名。那么在早期究竟是投第一名，还是投第一阵营（的其他选手），还是其他？从过往经验来看，要根据高科技企业所处的市场阶段来判断，如果投资对象的市场处于早期试用阶段，此时投第一阵营胜算概率最高。在早期，第一名与第一阵营区别并不大，往往难以区分，就如同马拉松比赛，前10公里的第一名和第一阵营并没有实质差距。但第一阵营与第二乃至后面阵营的差距是较大的，最后马拉松夺冠者往往属于第一阵营的。早期市场的第一阵营及后面的追赶者，许多会湮灭在从早期市场向主流市场过渡的巨大鸿沟中。如果高科技企业已经成功进入主流市场阶段,此时的第一名就是市场的领导者(即"最后的第一名"),他们的品牌与实力已经获得了主流市场的认可,他们与追赶者的市场份额可能会被不断拉大。因此对已经进入主流市场阶段的高科技企业,要投资第一名,而不是第二名。当新的行业出现时,先行者会获得巨大的优势,如果你是先行者,你会遇到一种查理·芒格称之为"冲浪"的模型——当冲浪者顺利冲上浪尖,并停留在那里时,他能够冲很长很长一段时间。但如果他没冲上去,就会被海浪吞没。在"千团大战"时,当时的第一阵营包括拉手网、窝窝团、美团等。美团属于勉强挤进第一阵营的,由于第一名的拉手网犯了急躁冒进的错误,在资本寒冬来临时被迫收缩。而美团却在2013年的寒冬中粮草充足,顺利实现弯道超车,成为主流市场的"最后的第一名"。一旦投资的企业成为了真正的行业龙头,将会享有一段愉悦且美好的收获期,也必将给投资人带来丰厚的回报。

(九) ESG 投资逻辑

ESG 是国际通行的一种关注环境、社会、公司治理而非财务绩效的投资理念与企业评价标准。E 指环境,S 指社会,G 指公司治理,和 ESG 类似的说法是可持续发展。人们对大气环境变化、数字经济的隐私泄露、基因技术的伦理难题、人工智能的就业替代等,有着越来越深的焦虑,并且这方面的负面影响已经初步显现。诸如一些大数据公司非法买卖公民信息,已经触犯法律,导致公司瞬间垮塌解体。如果投资人不重视 ESG,只关注财务业绩,投资企业的可持续发展会存在很大隐患。

国内部分投资机构已经设立了独立的 ESG 委员会,确保 ESG 战略有效落地实施,同时,要求各业务部门至少委派一位代表负责 ESG 的部门执行督导。在投资流程上,ESG 贯穿项目全生命周期:投前采用原创的两阶段 ESG 评估问卷收集数据,从 ESG 认知、投资流程、投后管理、信息披露四大维度评估,并就数据真实性展开ESG现场尽调。在投后管理阶段,按季度跟踪项目的ESG表现,对底层项目进行ESG风险排查,投后ESG评估结果将为下一期基金投资提供参考。根据过往的投资实践经验,毅达资本发布了首个ESG投资评价参考指标体系及投资负面清单,并在社会责任报告中详细披露。

在环境责任方面,企业生产经营中暴露的环境问题最后往往会吞噬过去的利润,影响长期的盈利能力和发展。投资人会重点关注企业的生产及环保资质、企业家合规意识以及对环境社会责任的看法。关注企业的生产工艺是否存在高风险、高污染、浪费严重或伴随较多废弃物排放,关注企业是否存在环保投诉或环境诉讼风险等因素。而对于缺少重要生产环保资质、主要管理团队合规意识薄弱、技改成本过高、不符合行业技术发展趋势、媒体负面报道较多、存在环境诉讼风险的企业则持投资谨慎态度。

在社会责任方面,从外部来看,企业与社会之间是一种怎样的关系决定了企业的最终位置。从内部来说,企业与员工的关系则决定了企业的发展动力。企业与社会的关系应当是良性的、善意的、互动的,这样,优秀人才才愿意长期留在企业发展成长。同时,拥有良好的内外部关系的企业较少可能受到投诉、诉讼的影响,面临内部人事变动引发的巨震风波的风险也较低。对于下列企业,投资人会将其纳入负面清单,具体包括重大违法违规行为的企业或存在潜在道德风险的实控人,政策不确定性较大或行业存在道德风险、社会舆论存在较大争议的行业或者企业,产品或服务质量投诉集中的企业,存在大量劳动纠纷、员工收入水平长期显著低于同地区、同行业的企业,财务管理混乱、涉嫌造假的企业,漠视社会公益甚至借机发国难财的企业。

在公司治理责任方面，股东的利益和责任是否明确？董事会构成和专业能力如何？他们是否致力于保护和提高中小股东利益？管理层是否勤勉尽责？监事会是否能够有效行使职权？公司是否坚守强有力的合规文化？公司的运营系统、管理结构和规章制度是否完善？所有这些都会影响公司的竞争力，进而影响公司的盈利水平。公司治理责任方面的投资负面清单则包括：公司治理结构、规范运作存在重大隐患并拒绝改善的企业；公司股东股权权属混乱及纠纷严重的企业；股权质押比例过高且难以在短期内得以缓解的企业；业务严重依赖大股东的企业；存在长期或重大非必要关联交易的企业。

将 ESG 与财务回报联系起来有两个层次：一是风险防范，通过 ESG 可以甄别出公司存在的重大风险点，作为投资判断的重要依据；二是根据 ESG 可以开拓投资视野，财务回报是过往投资人的核心关注点，但财务回报来自企业家行为，而企业家行为必然会对环境、社会及公司治理产生影响，所以，ESG 不失为挑选投资标的又一利器。

（十）身心合一的投资逻辑

投资尽调报告里充满了投资逻辑推理，但作为资深投资人，我们要在决策前把尽调报告放一放，利用安静的时间来对尽调报告和投资方案进行反复核查和觉察。首先是核查，相当于查理·芒格的投资检查清单。尽调报告里哪些逻辑推理并不严密，哪些缺乏数据支撑；对无形资产的评估是否准确，是过于乐观，还是过于保守；对人的评估是否恰当，把握有多大，管理层的因素对这个项目的影响权重多少比较合适；公司现有的问题对成长影响有多大，是否有解……其次是向内的觉察。例如，我的个性特质（乐观或悲观）对项目判断是否产生了同向的影响；我投资这个项目是否以回报作为第一考量，是否掺杂了其他因素，如对创业者的情感、自己的情怀、完成当年的投资任务……通过反复的觉察，尤其是当下的身体感受，以及感受背后的情绪冰山，来作进一步的判断。如果内心冰山是稳定的，身体的感受与大脑的理性判断体现了一致性，这个项目的投资决策在当下体验到了身心合一的感受，就是对自己极其诚实。如果没有体现出一致性，身体感受不好，则当下不宜作出投资决策。

需要强调的是，投资人仅仅掌握一般的投资逻辑是远远不够的，在投资实践中，必须将一般的投资逻辑与细分领域的专业认知相结合，才能够形成完整的项目投资逻辑。另一方面，仅仅掌握专业领域的运营逻辑，没有好的一般投资逻辑指导，也未必能够做好投资。专业运营人员不同于专业投资人员，由于他们没有受过专业投资训练，有时只见树木，不见森林；有时还会灯下黑，或对风险看多了，胆识变小了；对行业现状非常熟悉而处于舒适圈状态，选择性地忽略与排斥行业变革及降维打击信号……所以，将一般投资逻辑与细分领域专业认知相结合形成的专业投资逻辑才是投资人的制胜法宝。

投资人的成长过程伴随其投资逻辑进化和完善，投资人会在投资实践中不断打磨自己的投资逻辑，去伪存真，去粗取精。优秀的投资人都有一套独特的经过实战检验的投资逻辑。这套投资逻辑就相当于武功心法，它来源于实践，又高于实践。

二、十大投资策略

我在20年投资实践中，逐步形成了自己风格的投资策略，下面具体论述。

（一）挣钱还是值钱

一级市场最理想的退出方式当属IPO，IPO后投资企业的估值水平决定了我们的收益率，所以股权投资要牢固树立一二级市场联动的策略。二级市场的企业市值＝E×PE，其中E指的是收益，PE指的是市盈率。这里重点谈市盈率的差别对市值的影响。一是不同上市地点及板块市盈率的差别。中国的A股平均市盈率高于美股，也高于港股。即使在A股市场，不同上市板块市盈率也有很大差别，A股市场创业板及科创板市盈率最高，主板次之，北交所最低。因此，不同的上市地点及板块选择对企业上市后市值的影响显著。二是不同行业市盈率的差别，对于传统行业来说，二级市场的PE只有20多倍甚至更低，但对于新兴行业尤其是"卡脖子"环节，二级市场的PE往往超过百倍，甚至几百倍。以今年刚刚在创业板上市的两只次新股为例：朗坤环境，主营业务为有机固废处理服务、生活垃圾焚烧处理服务、环境工程服务，目前市值50多亿，对应2022年2.3亿扣非净利润，静态PE只有20多倍；而固高科技，主营业务为运动控制器、伺服驱动器、驱控一体机、工业自动化组件、垂直行业专用控制系统等，其核心产品运动控制器是运动控制系统的控制层和"大脑"，伺服驱动器是运动控制系统的驱动层和"心脏"。固高科技是极少数为中国制造提供底层及核心技术解决方案的企业，目前市值约200亿，对应2022年4 000多万扣非净利润，静态PE约500倍。三是相同行业，但细分领域壁垒不同，市盈率差别也不小。以两家医疗器械上市公司为例：鱼跃医疗，主营业务为呼吸制氧、糖尿病护理、感染控制解决方案、家用类电子检测、体外诊断、急救与临床及康复器械，目前市值300多亿，对应2022年12.5亿扣非净利润，静态PE只有20多倍；而联影医疗，主营业务为磁共振成像系统（MR）、X射线计算机断层扫描系统（CT）、X射线成像系统（XR）、分子影像系统（MI）、医用直线加速器系统（RT）等，联影医疗是国内高端医学影像设备龙头企业，目前市值900亿左右，对应 2022 年扣非净利润 13 亿，静态 PE 约 70 倍。由此可见，两家上市公司虽同属医疗器械行业，但细分领域竞争壁垒不同，尽管净利润水平非常接近，但市值相差几倍。

我国现有 5 000 多家上市公司，市值超过 300 亿的仅有 500 多家，占比约 10%，市值 100 亿—300 亿的 1 000 多家，市值 50 亿—100 亿的 1 000 多家，市值 50 亿以下的 2 000 多家。因此，对拟投资对象退出市值的预估不应低于 50 亿，这类公司在上市前有几个特点：一是属于极高门槛的赛道，创新特征十分显著，甚至属于细分赛道的第一名；二是行业天花板极高，想象空间很大；三是居产业链链主地位，处于卡脖子环节，在细分行业和产业链中拥有相当的话语权；四是商业模式具有差异化和独特性，生态闭环体系已初露端倪；五是第二增长曲线已经呈现或初具雏形。如果能够投资具有以上特质之一的企业，这样的投资标的一旦上市，投资人就会获得梦寐以求的回报："戴维斯双击"，表明投资企业上市兼具良好的收益增长前景和极高的市盈率倍数，这样的投资标的上市的市值可能起步就是百亿，甚至千亿。

（二）概率还是倍率

所有投资决策首先面临的问题就是权衡概率与倍率的关系，风险投资莫能例外。投资基本的策略其实不复杂，两个参数最重要，第一个是成功概率，第二个是赢的倍数，所有的投资都是跟这两个参数相关的。无论买彩票、做二级市场，还是风险投资，都是这两个参数指导下的行为。那些真正厉害的投资人，能够甄别、逐渐优化这两个参数的比例。对于任何投资者而言，不亏钱是最高原则。黑石投资 CEO（首席执行官）苏世民在其自传《我的经验与教训》中写道："别亏钱可以比作医生行医立誓时说的'不可伤害病人'。也就是别让病人进到你诊室，你做一番治疗，然后害死了病人。对不对？我们做的第三笔投资是投资一家钢铁流通企业，出了问题，也让我学到了一个道理：投资人最恨你亏钱。如果你在某些投资上没赚足钱，那没关系，那只是一次失误。如果你亏了投资人的钱，他们就会对你出奇地愤怒，几乎不可能再给你追加资本。所以，你在做决策时，一定要非常谨慎。这并不意味着不承担风险。但是，当你做任何决策的时候，你要认定，你不是在赌注或冒险。"① 因此，投资人追求的第一性原则是项目的成功的概率，而不是盈利的倍率。二级市场重仓白马及龙头股遵循的就是成功概率优先的投资策略，而投资小盘股及重组股遵循的就是倍率优先的投资策略。沃伦·巴菲特曾写道："从获利的概率与可能获利数额的乘积里，减去损失的概率与可能损失数额的乘积。我们正在尽力做的就是这个。它不完美，但它就是这么回事。"② 用简单的数学计算来说明这个问题：A项目可能盈利50%，但成功的概率只有20%；B项目可能盈利20%，但成功的概率达到80%。因此A项目的期望收益率只有10%，B项目的期望收益率却达到16%。因此，多数投资人会毫不犹豫地选择B项目。

对于风险投资而言，也不能一味追求确定性，那样过于保守也会导致结果的平庸。投资人的最高策略最终就是把握好所投资项目的估值、成长和确定性这三者间的平衡关系，在面对不同投资阶段项目时，又有所不同，一般来说：

早期项目：低估值，高成长，回报高不确定性
中期项目：中等估值，中速成长，回报中等不确定性
后期项目：高估值，低速成长，回报高确定性

---

① [美]苏世民.我的经验与教训.中信出版社,2020.
② [美]特兰·格里芬.查理·芒格的原则.黄延峰,译.中信出版社,2017：80.

在实战中，投资人的进化和成长就在于不断提升对这三者关系的把握上，投资人水平高低的分水岭也可以归结为对这三者关系的处理上。这里举个几年前看的一场NBA（美国职业篮球联赛）明星在上海篮球秀的例子，游戏规则是包括库里在内的四个NBA球员在中场线位置，在30秒内投3分球比赛。结果是库里10个球进了5个，其他2人各进了1球，另外一人一球未进。所以，在中场线投3分球对于库里这样的顶级巨星就是适合的比赛，而对于其他NBA球星则是很有挑战性的比赛，而对于普通人来说，三不沾是很正常的结果，参加这样的比赛根本就没有必要（除了娱乐）。

对于在细分领域足够专业的顶级投资人而言，即使是早期项目投资，不但能做到低估值，对其成长有一定的把握，对退出回报也有相当的确定性，就如同库里在中场线投篮也有很大的把握一样。不合格的投资人往往不能处理好三者关系，在他们那里，中后期项目也可能会是高估值、低成长甚至负增长、退出的高不确定性。就如同"菜鸟"即使在罚球线上也不能把球送进篮筐一样。对于优秀投资人而言，中后期项目，在他们那里，可以做到合理估值、较高成长、较高回报确定性的组合。就如同另外三名NBA球星，在三分线以内进攻就有较大的把握一样。所以，估值、成长、回报确定性关系的处理最重要的原则就是：只有在自己能力圈内，才会处理好估值、成长与确定性三者间的动态平衡，进而把握好概率与倍率之间的关系。

（三）案源还是判断

在一个投资项目浮出水面、发展不错的时候，许多人对投资人的第一评价往往是你有眼光。但他们往往忽略了一个更为重要的前提，为什么是你，为什么这个项目落在你的朋友圈内。许多普通投资人再勤奋，可能一辈子也投不出一个"独角兽"，更投不出一家堪称伟大的企业，因为这类企业，哪怕是在很早期，也不在你的视野范围内，这也是一级市场与二级市场最重要的差别之一。投资人一辈子积累两样东西，一个是专业知识的积累，另一个就是人脉资源的积累，前者与你的判断能力有关，后者却决定了你能够接触到什么档次的案源。人脉资源的积累是一个持续的累进过程，没有捷径可走，你上学时，就已经在积累你的人脉了。工作后人脉的积累更是涵盖了朋友圈对你的人品、专业等综合实力的评价。好的投资人首先必须是朋友圈里的好人，靠谱、专业这些画像就储存在你朋友的大脑中，如果你的综合素质在朋友的大脑存储里排名非常靠前，那么，恭喜你，你的人脉资源是非常不错的，这会让你能够捷足先登地接触到潜在的优秀案源。事实上，一些有品牌及声誉的投资人，往往能够最早接触到一些潜在优秀案源，或者在项目已经显示出王者之相时，依然能够拿到一定的份额。打个形象的比喻，案源好的投资人就相当于生源好的重点中学，最后胜出的几率会高出许多。解决项目来源的量和质是投资机构的头等大事，也是最重要的策略问题之一。

（四）真风险还是假风险

投资决策最大考量的因素就是对风险的识别与判断，成熟投资人与菜鸟投资人的分水岭就在于对真风险与假风险的认知的不同上。我认为，如果投资项目属于投资人能力圈之内，那么投资人面对的多数属于假风险。如果项目落在投资人能力圈之外，那么投资人极有可能面对的是真真切切的风险。这里分别将两大类风险的几种主要情况进行描述。

真风险指的是未被投资人识别的潜藏风险，有如下几种情况：一是财务造假。财务造假在中外证券市场上都不鲜见，既存在于股票二级市场，也存在于股权一级市场。财务造假几乎是投资人最大的敌人,也是毁灭投资人财富的头号杀手。几年前爆出的瑞幸咖啡财务造假案,让该公司市值一天蒸发80%。二是技术造假。对于早期项目而言,技术造假也曾让投资人血本无归。著名的案例就是美国的"坏血案例",《坏血》是美国《华尔街日报》记者约翰·卡雷鲁(John Carreyrou)历时三年半根据真实案例创作的作品。该书讲述了被称为"女版乔布斯"的斯坦福大学辍学生伊丽莎白·霍尔姆斯采取一系列包装,将其创立的希拉洛斯公司由开始的寂寂无闻,到最终被称为硅谷炙手可热的高科技公司的过程。但"纸终究包不住火",这家自称用几滴指血即可检测数百种疾病的公司,最终被媒体揭发出完全是在欺骗公众和投资人,因此落得一败涂地。三是鸿沟巨坑。一些早期项目,处于市场验证阶段,有过不错的小众市场业绩。此时,一些缺乏经验的投资人盲目乐观,忽视了企业产品由小众市场向主流市场过渡的巨大风险,事实上,在这个迁移过程中,许多企业跌落在这个巨大的鸿沟之中。这个鸿沟风险给许多早期投资人带来血淋淋的教训。四是跟风投资。不成熟的投资人往往喜欢跟风投资,导致一些风口项目的估值急剧上升,产生了巨大的泡沫,这类项目即使幸运上市,但接最后一棒的投资人账面依然是亏损的。不幸的事实是,这些跟风投资的项目,表面看是估值泡沫,实际是项目被过度包装夸大其实并无核心竞争力的道德风险。

假风险指的是已经公开的短期风险或者被感受夸大的风险,主要有以下几种情况:一是企业自身面对的短期事件,例如一般民事诉讼、产品质量瑕疵、媒体或竞争对手抹黑。这些事件只要没有伤及企业根本,应该被投资人视为假风险,对企业的长期发展影响有限。二是行业事件,例如行业个别企业产品质量存在严重造假,只要投资的企业没有涉及,那么基本可以判断为假风险。因为,在造假企业遭受灭顶之灾之后,没有造假的企业的市场份额一般会相应增加。三是资本市场事件,例如 2018 年新三板市场极其低迷,导致许多优质企业估值极低,挂牌企业争先恐后去摘牌。这个事件也属于假风险,此时优质挂牌企业估值水平偏低,恰恰是逆向投资的黄金时期。四是企业从 1 到 N 成长过程中走过正常的弯路。不少企业在第一个产品取得主流市场的初步认可后,许多风投就会争相投资。但随后企业在主流市场份额的扩大并没有像投资人预期的那样顺利,相继推出的相关业务和产品也没有顺利被主流市场接纳,甚至一波三折。这类问题也大多属于假风险,此时投资人应该帮助企业分析原因并调整对策。五是估值略贵或股价短期下跌的假风险。俗话说好货不便宜,许多有核心竞争力的企业,其估值往往令不少投资人侧目,可以用洛阳纸贵来形容。但对于那个读懂企业的投资人来说,稍贵的估值是可以接受的,从未来公司巨大的发展空间来看,甚至是物有所值的。还有在股票二级市场投资的项目,由于有股价波动,股价短期下跌在所难免,投资人必须克制住内心波澜,如果企业长期向好的趋势和基本面没有改变,这类企业股价的短期下跌也是一种假风险。

(五)左侧还是右侧

《跨越鸿沟》是美国著名咨询专家杰弗里·摩尔撰写的一本高科技企业营销名著,摩尔把高科技企业的市场划分为:早期小众市场,包括技术狂热者及远见者;以及中后期主流市场,包括早期大众、后期大众及落后者。摩尔的核心思想认为,高科技企业从早期小众市场向中后期主流市场过渡之间,存在一个风险巨大的鸿沟,许多高科技企业都没能够成功跨越这个鸿沟而销声匿迹。股权投资根据企业成长阶段的不同,分为以早期项目为主 VC(Venture Capital,风险投资)投资与中后期 PE(Private Equity,私募股权投资)投资。深入一步分析,我们对企业成长阶段的划分是以企业所处市场

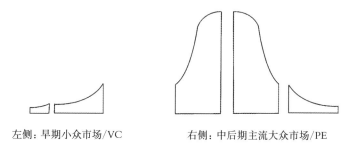

左侧：早期小众市场/VC　　　右侧：中后期主流大众市场/PE

图 8-1

阶段来进行的，我把早期阶段带有验证和示范属性的市场称为小众市场，中后期大众市场称为主流市场，因此把以处于早期小众市场企业投资的 VC 称为左侧投资，把以处于中后期主流市场企业投资的 PE 称为右侧投资，两者有许多不同。

一是左侧投资最重要的关注点是企业将各种技术、服务与创意的组合转变为一种可复制并可制造的产品，并找到可靠的证据来证明这种产品会带来一定的顾客需求，企业的主要资源应该围绕这个核心来配置和组织。右侧投资关注点的核心就是盈利的扩大，这个既可以通过继续提升主流市场的产品占有率来实现，也可以通过推出与主导产品相关联的产品，从而不断扩大领地和市场规模来达到目的。

二是左侧投资人最关注的是企业能否成功从早期小众市场跨越鸿沟，过渡到主流市场。如果不能够跨越这个巨大的鸿沟，则投资人的钱就会打水漂。右侧投资人最关注的是企业能否从早期大众市场，进一步扩大到后期大众市场，使得投资企业成为市场领导者，并防范一切入侵者，以巩固其市场地位。

三是左侧投资人选择潜在投资对象尽量从第一阵营中选择，此时小众市场的第一名并不一定是真正的市场领导者。第一阵营中谁跨越了这个巨大的鸿沟，成为主流市场的第一名，才能够基本确立其市场领导者的位置。所以右侧投资选择潜在投资对象毫无疑问是第一名，也就是主流市场的领导者。

四是左侧投资人对创业者关注的重点是其对自己的理解，这种理解越到位，越有助于创业者找到适合自己的创业项目，并且实现0到1的突破。右侧投资人对创业者的关注重点是其对他人的理解，这种理解越深刻，越有利于创业者将个人能力转化为组织能力，从而实现企业从1到10的增长。

沃伦·巴菲特在致股东的信中写道："很显然，很多高科技公司或处于萌芽期的公司会以突飞猛进的方式发展，如果以百分比衡量，它们会比上述'注定如此成功'的公司成长更迅速。但我更喜欢一个确定的良好结果，而不是一个期望的伟大结果。"[①] 很显然，沃伦·巴菲特属于典型的右侧投资人。孙正义多次阐述他的投资标准，投资成功概率达到5%就可以下注；只要有7成的胜率，就可以下重注；在风险可控的前提下，保住35%的最低投资比例。由此可见孙正义属于典型的左侧投资人。

（六）对赌还是回购

对赌与回购是风险投资人为保护自身利益而设计和运用的风险管理工具。对赌指的是企业实际控制人对当年或未来几年的业绩预期过于乐观，并据此作为估值的依据，这种乐观预期导致估值水平超出了投资人的预判，所以投资人要求实际控制人对预估的净利润或其他估值关键变量进行对赌。达不到预期目标，则实际控制人需根据预估指标和实际完成业绩指标的差额对投资人进行等比例补偿。回购是投资人与实际控制人在投资时设立一个"里程碑"，其中绝大

---

① [美]杰里米·米勒. 巴菲特致股东的信. 郝旭奇,译. 中信出版社,2018.

部分设定的是 IPO，也可以是并购或其他。当在约定时间内没有实现这个"里程碑"时，投资人要求实际控制人对其持有的股份进行回购。

根据我自己的经验，我认可回购但不认可对赌。我自己投资的所有项目都没有对赌条款。原因在于早中期项目成长的复杂性导致连实际控制人自己也很难对一到两年的净利润或销售收入等指标进行精准的预估，即使是后期项目也经常做不到。对赌的不良影响不容小视，例如实际控制人为完成对赌而调节业绩操纵利润，打乱了企业的正常发展节奏。或者为了完成对赌，该研发投入却没有投入，这样短期对赌业绩完成了，企业长期发展的潜力却被损害了。所以，我从事投资 20 年，从来不和投资企业的实际控制人对赌。

但是，我是回购策略的拥趸。由于中国的市场经济发育不完善，诚信建设和法制环境并不健全。如果投资时没有回购的约束，那么这笔投资的处境就非常危险，结果不好是大概率的事件。毕竟能成功 IPO 或被上市公司并购的企业是少之又少的。如果没有回购约束，投资人的投资多半是肉包子打狗，有去无回。在实践中，即使签了回购协议，在实际履行时，投资人依然处于弱势地位。某种意义上，让实际控制人回购，除非企业基本面确实良好或尚可，否则，回购的困难犹如与虎谋皮，谈何容易。我唯一亏损很大的投资项目就是因为回购协议没签好，使得实际控制人在企业终止 IPO 后，完全不考虑投资人诉求，把一个净资产高达几个亿的公司折腾得奄奄一息，最后逼迫投资人割肉出局。

（七）追风口还是等风来

投资界不断流传一些所谓的风口，如人工智能、区块链、共享经济、互联网金融，等等。许多刚进入投资界的新人喜欢追风口，但投资老兵更推崇等风来。基石资本张维曾经专门就这个问题做过演讲,"做投资,经常有人问我你们看中哪些赛道和哪些行业?我们基本上是盯住微观的主体,盯着企业细看。就我而言,面上的经济面没那么重要。对于投资来说,可怕的不是宏观经济,而是跟风做投资。这都是曾经在我们眼前闪亮的,千团大战、百播大战、共享经济以及当下的造车新势力,这都是跟风,对投资的影响很大。从基石来说,我们做投资不追风口,不赌赛道,也不追'大众情人'。我们在自己的领域精耕细作,讲究一分耕耘、一分收获"。

风口型的快公司要在每一个方面都要足够强才有这个必要去拼,无论是合作方的选择,还是市场营销、品牌推广、产品设计、供应链,没有一个环节可以侥幸。因此,风口型创业企业的失败率极高,不能走错一步。追风口的投资人往往心存侥幸,盲目乐观,把风口公司估值的泡沫搞得很大,最后绝大多数投资人的钱会打了水漂,搞得一地鸡毛。OFO共享单车倒闭、P2P(Peer to Peer lending,民间点对点网络借款)互联网金融团灭等等,这类风口公司给投资人上演了一出出财富毁灭的悲剧。

而慢公司的创始人一般发自内心喜欢创业所做之事,能够不断提升运营效率,改善用户体验,为这个社会创造价值。同时在个人素质、管理能力、行业选择、宏观环境等方面没有特别大短板的时候,如果给予一些时间,总能够通过慢慢打磨找到适合的商业模式,并取得阶段性成功。事实上,公司的成长就是个不断试错的过程,许多慢公司之所以慢,就是因为走了不少正常的弯路。我们再看2019年7月首批上市的25家科创板企业,平均成立时间超过10年,公司创始人平均年龄超过50岁,具有博士和硕士学历的超过四分之三。

对于坚守价值投资理念的投资人来说,一定要有自己熟悉的一亩三分地,也就是深耕的细分领域。同时,我们要尊重企业成长与科技创新的规律，不但崇尚投资慢公司，而且要耐心陪伴慢公司成长，只管耕耘，静待花开。

（八）分散还是集中

国内股权投资界有两种投资风格或策略，一是广种薄收，撒胡椒面；另一种是集中投资，重仓持有优秀企业。后者的代表就是基石资本。基石资本董事长张维在多个场合阐述了集中投资的背后逻辑：

第一，我们的同行可能在投赛道，他们在一个赛道上会投多家企业，而我是不投赛道的，因为我是投赛手的。用我的话来讲，不看宏观经济，要回到"微观中的微观"；要回到行业，要回到行业中的个体企业，除此之外我们都不管。仅仅说行业有机会是不够的，我们一定要回到个体企业。个体企业的情况我们能搞明白，但行业中的事情，个人是永远搞不明白的。人工智能热，你可能投了很多人工智能项目，过两天区块链热你又投了区块链项目，再过几天又是大数据、云计算，然后最新流行的现在又不流行了。如果不回到个体企业，就很有可能被行业热点带偏了。

第二，用查理·芒格的话来讲，如果把我们最成功的10笔投资去掉，我们就是一个笑话。其实从投资来讲，有时候是二八定律，但是更多的时候是一九定律，（所投的）少数企业决定了回报，而不是多数企业。所以我觉得应该是重仓。

第三，从你的投资服务和风险控制来讲，项目过多会导致什么？既没有精力，也没有意愿去跟踪和服务。一次性投几百家企业，即使再有能力也看不过来。但如果说投资比较集中，相对来说你在每家企业持有的权益比较高，那意味着你有意愿去跟踪和服务。投后的服务和风险控制是重要的，你盯得不牢根本退不出来，往哪儿退去？

当然，集中投资是建立在对投资企业全面而深刻认知的基础上的，否则，就成了赌博。同时，不少集中投资往往是通过多轮增持而实现的。

集中投资主要是对单个项目集中投资，一般位居第二大股东地位，这样投资人对公司的影响力无疑会大很多。投资人也才有可能进行赋能服务，包括并购整合、资源对接等等。当然，集中投资属于股权投资中决策最难的，也是财务投资人与战略投资人的分水岭，必须积累足够的专业能力和资源，集中投资才有成功的可能。

（九）增持还是减持

就风险投资而言，尤其是早期投资人，对于初创企业并不能一眼看到底。比较可行的策略就是先投少量资金，这个第一笔投资属于投石问路性质的。随着企业商业模式或首个主导产品验证逐步完成以及企业日益壮大，早期投资人会在随后的 A 轮、B 轮、C 轮等融资轮次中逐步增持，这对于早期投资人扩大胜利果实是非常有效的策略。一些经验丰富的投资人对少数持续符合预期的优质项目采取不断增持的策略，股份占比至少达到 10% 以上，甚至位居第二大股东，这些重仓项目一旦 IPO 成功，几乎成为该投资人的扛鼎杰作。但一些经验不足或实力偏弱的投资人可能采取不增持甚至减持的相反操作策略。这样的后果是，即使这个企业发展很好，将来 IPO 了，但给这类投资人带来的收益仍然是很有限的。著名的风险投资机构红杉资本在总结其早期投资教训时，其中重要一点就是对投资的早期好企业所占股权比例太少。当然，增持、减持策略本身并无优劣之分，对于好企业来说，增持就是好的策略；对于平庸或者看不清的企业来说，减持也是可取的策略。

我相信投资人几乎都会在增持或者减持上犯过错误，应该增持的没有增持，不该减持的却减持了，尤其可悲的是本应该减持的结果却增持了。在企业发展的特定时期,投资人对企业的认知不够清晰和专业,有时甚至会产生误判,往往难以把握好增持或减持的策略性机会。

(十) 规模还是回报

作为行业老兵,从行业健康发展的角度出发,我不认为规模化是股权基金成功的唯一途径。在我看来,创投行业还存在一种运作模式,就是一个小团队采取"作坊型"打法——由一个老大带着三五个精兵,深耕细作,投资二十个项目,最终有三五个项目能跑出来大赢就很优秀了。

现在有些大基金,为了提高投资命中率开启"撒钱模式",直接"拿钱砸"。需要注意的是,基金砸的几乎都是LP的钱,这种行为的代价往往是直接降低了LP的回报率。有些基金利用巨大的资金所带来的势能,节省了自身在深度思考以及帮助和支持创业者方面的投入。如果一个基金能在规模和收益的两难下获得成功,那可以称得上业界楷模了,可惜很少有基金能够做到。我最深的体会是,很多基金管理团队的老大还在,但是一线的执行合伙人换了一批又一批,基金募了一期又一期。有限合伙基金是创投业界的通行模式,但这样的架构模式潜藏着很多利益冲突。每期基金通常会设置三年左右的投资期,要求基金在规定的时间内将所募集的资金都投出去。当一个基金募集了大量的资金,大概率上他们最终的产出并不会高。因为一级市场上优质项目本身就少,能够最终走到IPO产出回报的项目就更少了。行业中盛行的项目基金模式更是容易在GP(普通合伙人)和LP间直接产生利益输送和利益冲突。而对于小而专的基金而言,至少不存在哪个风口热,就一定要出手投资进行卡位的问题。"钱多就手松",大基金做大规模就可以打压自己的竞争对手。而小基金在投资时则只能精挑细选,钱必须都用在刀刃上。因此,基金行业并非只有做大规模一条道，小而专的基金模式应该在投资行业中占有一席之地。

投资行业的生态非常多元，规模上肯定会有大象、狮子和蚂蚁级别的。而所有的大基金都是从小而美基金逐步成长起来的，从蚂蚁逐渐演变为大象。但需要注意的是，投资行业中存在"规模悖论"——投资市场中"低垂的果实"太少，容不下太多大象。因此，很多大基金会面临着巨额资产管理规模带来的压力。面对大象，可能感到害怕的是狮子，而蚂蚁不会害怕。对于小基金而言，我认为不必为成为不了狮子和大象而自怨自艾。

当然，小的投资机构一定要形成自己的独特竞争力，避免去和大机构正面抢热门项目，而是要利用自身机动灵活的特点，去发现一些相对不那么热门的项目，这类项目估值泡沫较少，只要企业发展好了，回报同样可观。

总之，投资策略犹如战争中的具体战术，因时制宜、因地制宜是其背后的逻辑，并不存在可以简单复制乃至一劳永逸的投资策略。许多投资人都犯过经验主义的错误，导致功亏一篑的结果。原因在于投资策略是在特定环境背景下形成的，如果大的环境已经改变，投资人依然简单照搬以前的投资策略，则会招致失败。我国经济节奏转型太快，导致一成不变的投资策略难以长期奏效。一方面，在经济进入低速增长的转轨阶段，很可能前几年投的明星项目到这两年普遍出现增长乏力的情况。当年的高增长项目，现在看来很可能增长模式失效或遇到瓶颈。另一方面，金融政策环境的变化，IPO上市政策的调整及改变，都直接影响投资机构的策略。投资策略一定要建立在投资人自身专业认知、资源禀赋、性格特征的基础上。如在某个细分领域，投资人足够专业，他激进的投资风格就是好的；相反，对于项目一知半解的投资人，其激进的风格就有很大问题。

再例如在某个项目的退出策略上,如果投资人对项目判断有高度,对项目前景有很大信心,其增持就是最优的策略;但是,如果投资人对项目的前景并没有很大的把握,此时,适度减持也是可取的策略。因此,并不存在放之四海而皆准的投资策略。投资人需要在实战中逐渐摸索出与自身实力相匹配的投资策略。

第九章

投资决策的核查与觉察

风险投资是一项充满挑战的事业,投资决策的过程中压力如影随形。我认为,风险投资的高失败率固然与其本身的高难度相关,投资决策中传统单一思维模式的影响也不容小视。本章将在投资人性研究的基础上,对风险投资决策思维模式进行探索,提出自己的投资决策二元思维模型。结合自身体验,以图文并茂的方式直观呈现投资人人性的修炼历程。

为了便于研究探索,本章把风险投资决策界定为单个职业投资人或者风险投资机构的最高决策负责人的最后拍板决策。

一、投资决策的四种模型

古罗马哲人马克·奥利略曾经说过,我们之所闻,仅仅是一种观念而非事实本身;我们之所见,只能是一个视角,并不代表真理。承认认知的局限使得投资人在决策时多一份敬畏和警醒,在思维和心理上添加核查和觉察新的部分来对我们的判断重新梳理和斟酌,对于投资人来说意义非凡。

投资大师查理·芒格曾说:"针对不同的公司,你需要不同的核查清单和不同的心智模式。"[1] 核查属于思维层面的,心智模式属于

---

[1] [美]特兰·格里芬.查理·芒格的原则.黄延峰,译.中信出版社,2017:69.

心理层面的，我认为风险投资人的决策思维模式存在以下四种情况，我以模型方式分别叙述。

1. 一致型

在投资决策的最后阶段，投资人运用左脑对尽职调查报告及投资方案的要点逐个进行最后的核查，既包括对尽调报告若干要点进行核查，也包括对投资方案若干要点进行核查，核查是投资人向外看和连接的行为。同时，投资决策还需要向内的觉察，包括对贪婪和恐惧的觉察以及条条框框（我把贪婪、恐惧以外的其他人性问题都定义为条条框框）的觉察三个部分，觉察是向内的连接，觉察

图 9-1

会让投资人聆听内心理性的声音。如果核查和觉察都体验到理性的声音与当下决策间的一致性，也就是身心合一的状态，那么投资人在这个项目的投资决策上就体现了一致性。既尊重了他人，也尊重了自己；既尊重了大脑的判断，也尊重了身体的感受；这种一致性最后的结果也尊重了项目。这种一致性既体现为核查与觉察的一致，更体验为身心合一，两个方面都对项目的判断达成了一致；既可以一致认可项目，也包括一致否决项目。

2. 核查型

投资人对该项目只有核查没有觉察，只尊重了他人，没有尊重自己身体及内心的感受，结果是没有尊重项目。这种情况往往在投资后不久，投资人会有后悔、自责的体验。

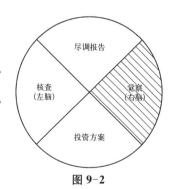

图 9-2

3. 觉察型

投资人对该项目只有觉察没有核查，只尊重了自己身体的感受，没有尊重他人，结果是核查工作没有做到位，给项目留下隐患。这种情况在投资后不久，投资人发现新的信息或发现决策依据的信息质量不高时，也会产生后悔、自责的感受。

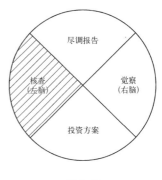

图 9-3

4. 迷失型

投资人在该项目的决策上，既没有核查，也没有觉察。既没有尊重他人，也没有尊重自己。这种项目失败的概率最高，投资人在这个项目决策时身心呈现迷失且混乱的状态。

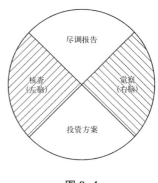

图 9-4

在投资决策的具体实践中，核查型比较常见，迷失型为数不多，一致型和觉察型十分稀少。多数投资机构的集体决策制度让核查和觉察受到外在因素的干扰和制约，或者核查工作没有做到位，或者觉察的深度不够，结果会呈现更加复杂的情形。我熟悉的一家一线投资机构，2020年公司重仓投资的企业实现IPO，当时公司官宣文章复盘，把这个项目作为集中投资和高效赋能的典型案例。文章详细披露了公司几个亿的投资金额，以及投资前后帮助企业在欧洲进行跨国并购的一系列赋能工作。然而，企业上市三年来的发展却不如人意，营收小幅波动增长，亏损亦未看到改善迹象，投资机构持股市值相比投资成本在股价低谷时甚至出现浮亏。我的一位长期运作欧洲并购市场的朋友，居然在朋友圈公开表示该上市公司当年欧洲并购是败笔。该投资人在股份解禁后没有任何减持动作,是否依然坚信"集中投资、重点服务"的执念不得而知。我认为该投资机构在这个案例上的核查和觉察工作,在投前及投后都存在值得商榷之处。

二、投资决策的核查模型

查理·芒格多次在演讲时说:"聪明的飞行员即使再才华过人,经验再丰富,也决不会不使用检查清单。"① 查理·芒格在投资决策时一直保有使用投资检查清单的习惯,我把它称之为核查工作。投资决策的核查是投资人向外看的工作,涉及对投资尽调报告及投资方案进行最后核查两个部分。其中,对尽调报告核查的要点包括:

图 9-5

---

① [美]彼得·考夫曼.穷查理宝典.李继宏,译.上海人民出版社,2012:97.

项目核心投资逻辑能否站得住脚，尽调报告信息是否真实完备，创始人及管理团队评估情况，企业优缺点的利弊权衡分析，合规风控是否落到实处。同时，投资人还应用左脑对投资方案进行了最后的核查，核查的要点包括：投资策略是否科学合理，项目达到预期的概率风险如何，退出方案考虑是否周全，估值情况如何，项目的横向比较情况。下面分别进行具体阐述。

1. 关于尽调报告的核查

尽调报告是投资决策的主要依据，因此有必要在投资决策前对尽调报告进行最后的核查。一是对投资逻辑进行核查，作为项目核心的投资逻辑是什么，能否站得住脚。尽调报告对投资逻辑的分析是否缜密，投资逻辑是否过于依赖过去的经验。投资逻辑主要运用了线性思维，还是系统思维；是分析思维，还是弹性思维。二是尽调报告的主要信息是否真实、完整，对信息的来源是否进行了核查，财务报告的真实性有多大把握，各类数据水份有多大。对行业信息及企业技术、管理、文化等方面的信息资料是否经过仔细的分析研究，还是直接"拿来"的。三是对创始人及管理团队的尽调评估是否给予了足够的重视，对创始人的评估结果有多大把握，对人的评估与直觉感受有多大差别，是否有重要团队成员被疏漏。四是对企业存在的问题有没有认真面对，这些问题的危害性究竟有多大，项目的优点与缺点相比较如何，项目存在的缺点问题是否有解。五是合规风控。尽调报告对合规问题分析是否全面、准确，合规性是否达到了投资要求，一些不合规的问题是否有解决方案和时间表，合规问题调查是否存在重大遗漏，以及项目内部风控是否扎实到位，风控报告质量如何，风控提出的问题是否引起足够重视等。

2. 关于投资方案的核查

投资方案是项目交易本身的核心信息，对投资方案进行最后的核查,也是投资人尽责的表现。一是投资策略的核查。项目的投资策略与投资机构的总体策略是否吻合,是过于激进还是保守;项目投资策略是否受到了企业或其他投资人的压力或影响。二是项目成功的概率及风险的核查。项目最终达到预期目标的概率有多大,项目失败的后果是否能够承受,是否有项目风险处置预案。三是项目退出方案的核查。项目退出方案可行性如何,IPO 可能性有多大,何时申报 IPO,收益预期情况如何;并购退出的可能性有多少,回报情况如何;转让退出的可能性如何;项目退出不顺利时是否有应对预案。四是项目的估值情况。项目估值的合理性如何,是否高估了,这个估值水平对退出的影响如何。五是横向对比的核查。项目与其他已投资、放弃投资、拟投资项目横向比较质量如何,属于一定要投,还是勉勉强强能投。

总之,投资决策前对项目尽调报告和投资方案的核查工作,是在现有认知层面上,对尽调报告质量和项目质量的最后斟酌,也是对前期工作的核查和验证。在实践中,投资人在重大项目决策时会自觉或不自觉地开展与核查相关的工作。

3. 核查的目标

核查不需要面面俱到,事无巨细,而是要善于抓住本质问题、重点问题、难点问题,进一步提升投资决策的专业水准。(1)核查要抓本质。主要信息来源及财务数据的真实性是核查的本质及基础工作,如果这个基础有问题,则尽调报告和投资方案会被彻底推翻。(2)核查要抓重点。这个项目最核心的投资逻辑是什么,能否经得起推敲。(3)核查要抓难点。这个项目面临的最大风险是什么,有无经过瀑布测试,最大风险出现的概率有多少。(4)核查要提高专业度。对尽调报告里没有讲清楚的地方,要设法寻求到专业人士的帮助,并且不局限于投资机构内部人士,应尽最大努力提升尽调报告和投资决策的专业水准。

三、投资决策的普通觉察模型

查理·芒格曾说过,即使握有全世界最锋利的刀,如果你自己的心性存在缺陷,那么它也会成为自残的工具……如果你拥有最精于计算的头脑,但始终无法克服欲望的纠缠,那么在巨额财富的重压之下,你注定将粉身碎骨。由此可见,心性修炼对于投资的重要性,投资决策的普通觉察模型是投资人向内看的工作,主要涉及对贪婪和恐惧觉察两个部分。其中,对贪婪觉察的要点包括:过度乐观、自大炫耀、即时满足、群体认同、情感倾向。同时,对恐惧的觉察要点包括:悲观失望、自我贬低、权威膜拜、反应过度、心理否认。下面分别进行叙述。

图 9-6

1. 贪婪觉察

贪婪觉察包括以下几个方面：一是过度乐观。如果我的性格属于过于乐观类型，那么应考虑对于这个项目的判断是否掺杂了我的乐观意识，过度乐观是否影响了项目的投资决策，或者加大了项目的投资份额。二是自大炫耀。这个项目决策时，我的自负性格对决策的影响如何，是否夸大了项目的优点而掩饰了缺点。对外炫耀是否影响了我对项目判断的客观性，进而也影响了其他合伙人对项目的判断。三是即时满足。这个项目的决策是否受到了短期偏好和即时满足倾向的影响。项目的质量是否确实达到了投资标准，还是仅仅为了完成当年的投资任务。项目提前退出决策是否受到了即时满足倾向的影响。四是群体认同。项目投资决策是否受到了群体认同倾向的影响，比如其他投资机构已经投了，或者知名投资人领投了。项目投资决策是否为了与内部其他合伙人保持一致，获得内部合伙人及同事的认同。五是情感倾向。投资这个项目是否受到了情感倾向的影响，投资这个项目仅仅是喜欢这个创始人，还是项目质量确实过硬；项目退出决策时是否是因为讨厌企业主要负责人或者某位高管。

2. 恐惧觉察

恐惧觉察包括以下几个方面：一是悲观失望。这个项目的否决是否受到了我悲观性格的影响，或者过早退出是否受到了悲观性格的影响。企业只要出现困难我就特别失望，是否与我悲观性格的投射有关。二是自我贬低。这个项目决策是否受到了我自卑性格的影响，这种自我贬低是否高估了项目；或者为了迎合讨好企业某位高管，由于我的自卑性格是否在项目谈判时退让过多。在内部决策时，自卑性格是否让我放弃了自己的观点和意见。三是权威膜拜。这个项目的决策是否是因为企业主要负责人在我眼里属于权威，或者参与项目的其他投资人里有我眼里的权威，我的权威膜拜倾向对项目决策影响有多大。四是反应过度。这个项目发展出现了一定的困难，或者其他投资人不看好，我立即要求退出，是否受到了反应过度倾向的影响。五是心理否认。这个项目亏损已经十分严重，团队人员不断流失，其他合伙人认为风险极大，我却回避采取任何措施，是否受到了心理否认倾向的影响。

3. 普通觉察的目标

投资人普通觉察的目标具体包括以下几个方面：（1）更一致。一致性是连接"自己"，感受、想法、期待和渴望都与正向生命力和谐一致。个体体验到对自己、他人和项目的接纳，感觉能掌管自己，体验到和平、活力、和谐、联结和希望。（2）更理性。通过对贪婪和恐惧的觉察，其实是在唤醒内在理性的声音，体验到理性的力量以及由此带来的欢乐和成长。理性让自己更负责，成为高价值感的人。（3）更和谐。贪婪和恐惧作为一种特质是属于我们自身的内在资源，我们首先承认并接纳它，然后通过觉察对其进行转化，将贪婪、恐惧和理性进行体验层面的整合，让几个特质和谐共处，就有可能把贪婪转化成理性加持下的重仓投资，把恐惧转化成理性加持下的风险意识。（4）更好的决策者。萨提亚鼓励人们至少考虑三个选择，这样更能成为自己的决策者。只有一个选择等于没有选择，两个选择是一种进退两难的困境，三个或更多选择才能允许真正的选择发生。

总之，投资决策的普通觉察模型就是要投资人更好地看见自己，聆听内心的声音，让理性的力量化解自动化的潜意识对项目决策带来的负面影响，从而改变应对的模式。只有我们体验到身心一致，才会成为更好的决策者。

四、投资人的深度觉察

投资决策核查与觉察模型要发挥出积极的效果，还必须根植于投资人底层思维能力的基础之上，尤其是深度觉察，就是要打破大脑中固有的条条框框和自动化的反应模式，涉及先入为主、成见评判，也涉及教条和规条，还涉及他人的声音和过时的成功经验等等。这些条条框框与人的自恋及内在防御有关，正如美国心理学家乔恩.弗雷德里克森所言："内在防御把我们的目光从真相上移开，导致我们看到不真实的东西，也就是思想创造了幻象。"①

深度觉察的思维能力首先体现在专注的基础上。查理·芒格曾指出：我确实认为，如果你适度地痴迷于某件事，就算它是断断续续的，只要专注的时间周期足够长，你不断地为解决难题而努力，你会跌跌撞撞地得到一个答案的，这是人生的半个秘方。其次，深度觉察体现在长期的积累基础上。深度觉察不是天上掉下来的，它和长期进行的知识积累从而拥有良好的知识架构有关。同时，它更与丰富的投资实践活动及人生阅历有关。正如萨提亚在其著作《新家庭如何塑造人》里写道："强有力的干预，大量的耐心，以及持续的觉察会帮助我们挑战熟悉的力量。"② 再次，深度觉察还离不开底层思维，必须建立在强大的底层思维能力基础之上。最后，深度觉察还与极其诚实有关。许多普通投资人对一知半解的东西也会自以为是地加以评判，犹如盲人摸象，又似管中窥豹，而深度觉察需要抱持极其诚实之心，才有可能打破条条框框的束缚，进而开启智慧之门。关于深度觉察，结合自身经验，下文介绍我对深度觉察的理解。

首先是画图。画图指画自己的原生家庭图，我们每个人的性情特质除了部分代际遗传外，几乎都是在原生家庭习得的。通过反复

---

① [美]乔恩·弗雷德里克森.你在逃避什么.李汐,译.人民邮电出版社,2022：153.
② [美]维吉尼亚·萨提亚.新家庭如何塑造人.2版.易春丽,叶东梅,等译.世界图书出版公司,2018：223.

第九章
投资决策的核查与觉察

画自己的原生家庭图，会更清晰看见自己的性情特质和自动化的应对模式，明白自己的性情特质的来龙去脉，看见过去的应对模式对当下的影响，涉及生活的方方面面，也包括对投资的影响。

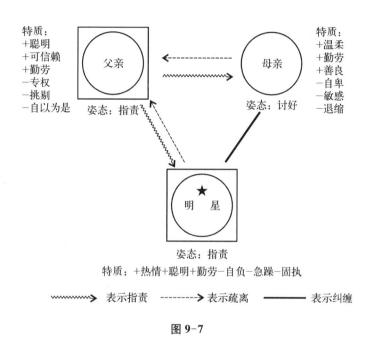

图 9-7

从上图可以看出，我们某明星的性情特质既有正向的聪明、勤劳、热情，也有负向的自负、急躁、固执。这些特质是明星在小时候家庭环境里（其中最重要的就是与父母之间构成的三角关系）为了求生存而逐步形成的，虽然时过境迁，但其作为一种自动化的模式，对明星当下生活的影响依然无处不在。我们关注的是这些负向特质对明星投资事业的影响，表现为对项目研判上比较自负，不容易接受别人观点，急躁的性情也使得明星在投资上缺乏耐心，内心对长期投资难以认同。如果能够邀请心理咨询师加入，以访谈的方式,会让明星对自己的性情特质有更多的"看见",理解过去在投资上所作所为更多是一种自动化的应对,由此产生警醒。通过觉察让潜意识逐步意识化。

其次是整合。在看见自己的各部分特质的基础上,我们需要接纳自己的每个部分,尤其要明白所谓的负向特质"自负""急躁""固执",其实都是属于我们的内在资源,但每个部分都不是我们自身。我们可以在咨询师的帮助下,利用"个性部分舞会技术"(萨提亚心理学一个主要的改变工具)对每个部分进行转化,看到自负蕴藏着自信的种子,急躁潜藏着效率的优势,固执也包含了坚持的能量。这样就会对自己的所有特质进行体验层面的整合,也是"情绪脑"与"理性脑"之间反复互动协调的过程,这个整合的过程就是理性被看见及运用的历程。对各个部分特质整合得比较好的投资人,会是一个身心和谐的人,才有可能成为理性的投资人。正如萨提亚女士所说:"当我们了解并接纳了自己所有的部分,我们也就拥有了由这些部分交互作用产生的灵性。"[①]

再次是冥想。投资人最可贵的特质之一就是平和的性情,但是如何修炼平和的性情许多人却不得法。我的经验就是冥想,每天要抽出一段时间冥想,冥想可以让投资人思绪不断回到自己的呼吸和身体上,也就是回到当下,让内心获得安宁。乔布斯介绍过他的坐禅经验:"如果你坐下来静静观察,你会发现自己的心灵有多焦虑。如果你想平静下来,那情况只会更糟,但是时间久了之后总会平静下来,心里就会有空间让你聆听更加微妙的东西——这时你的直觉就开始发展,你看事情会更加透彻,也更能感受现实的环境。你的心灵逐渐平静下来,你的视界会极大地延伸。你能看到之前看不到

[①] [美]维吉尼亚·萨提亚,等.萨提亚家庭治疗模式.2版.聂晶,译.世界图书出版公司,2019:293.

的东西。"① 通过长期的坐禅或冥想，投资人会慢慢获得内心的平和，考虑问题和决策的质量会上个台阶。

最后是添加。通过冥想获得内心的安宁和平静后，投资人此时会回到当下，呈现一种更加聚焦的状态。正如萨提亚在其著作《新家庭如何塑造人》里写道："当我们内心平静，当我们对自己感觉良好，当我们认识到如何采取积极的方式，我们就能变得更为睿智。我将这称为集中意念。"② 此时，开启深度觉察，还需要对过去习以为常的思考模式进行新的添加，这些新添加的思考工具，将有助于投资人获得新的视角和见地，比如：

1. 敬畏。许多投资人之所以一犯再犯同样的错误，一再与好项目擦肩而过，要么在糟糕项目里越陷越深，亏损累累几乎是注定的结局，深究下去就是他们的内心缺乏对投资的敬畏之心。因此，需要通过深度觉察，看见自己内心深处的怠惰和自恋，才有可能逐步建立起敬畏投资的心理模式。

人性当中的怠惰和自恋使得我们经常对许多事物满足于一知半解，尤其是内心被一些所谓的教条和成见束缚，表现为一种自以为是的心态。如果能够对投资多些敬畏之心，秉持"大胆假设，小心求证"的探索精神，就会发现习以为常的东西，并不代表事实，仅仅是自己的一孔之见而已，盲人摸象说的就是这个心理现象。

举个例子，腾讯 2013 年发布微信支付功能，"社交 + 支付"有没有前途？很多投资人以腾讯多年来做财付通一直没做好为理由，认为那只是一个噱头。阿里巴巴也进行了评估，认为微信支付没有好的购物场景，机会渺茫。但微信支付以春节发红包方式为突破口

---

① 李国飞. 乔布斯、禅与投资. 宗教文化出版社, 2023: 85.
② [美]维吉尼亚·萨提亚. 新家庭如何塑造人. 2版. 易春丽, 叶东梅, 等译. 世界图书出版公司, 2018: 223.

一举打破了这个框框。根据2017年第一季度的数据，微信支付月使用用户超过6亿，日均交易次数超过6亿，把支付宝大幅甩在后面。

这个例子表明，我们大脑里有许多似是而非的成见，许多创新的项目恰恰是由于投资人的成见，一叶障目，不见泰山，门缝里看人，导致他与创新项目擦肩而过。

2. 出离。中国有句古诗："不识庐山真面目，只缘身在此山中"，说的就是人性之中对自己拥有之人或物品失去理性的态度。投资人一旦认可了某个项目，尤其在投资了某个项目后，其心理倾向表现为选择性接受信息，而对负面信息选择性忽视，把中性信息正面解读，正面信息过度乐观解读。如果投资人尝试以旁观者身份对这些信息进行解读，或者和项目保持必要的距离，都有可能得出截然不同的结论。

3. 空杯。深度觉察最重要的就是要打破头脑里根深蒂固的条条框框，放下成见，以初学者的心态接纳一切变化。乔布斯说的"stay hungry, stay foolish"，意思就是保持又饿又傻，非常形象地呈现了人回归初心时那种永不满足、虚怀若谷、积极探索的状态。

空杯心态有助于解决投资人的自负问题，尤其是放下过时成功经验及规条的束缚。很多投资人在有了个相对成功的案例后，就会产生自负自大心理。不但高估自己的能力，怠惰思想也抬头，停止学习，到处吹嘘、赶场子。这样，紧接着下面的项目就会面临着亏损和损失的风险。所以，投资人必须常怀谦卑之心，时时觉察哪些成功经验已经过时了，哪些规条已经落伍了。唯有如此，才能不断学习，持续进步。

4. 镜子。《旧唐书·魏徵传》："夫以铜为镜，可以正衣冠；以史为镜，可以知兴替；以人为镜，可以明得失。"作为父母，孩子往往是我们的镜子，孩子身上存在的问题，明智的父母经常会从自身身

第九章
投资决策的核查与觉察

上找原因。在投资时,镜子就是身边长期的合作伙伴,就如同沃伦·巴菲特和查理·芒格之间,其实就是互为镜子的关系。沃伦·巴菲特称查理·芒格为"那个可恶的经常说不的家伙",就是彼此镜子关系的写照。如果把沃伦·巴菲特和查理·芒格分开,凭他们两个各自的能力估计都可以成为一流的投资家,但是黄金搭档式的组合,让两人成为前无古人、后无来者的伟大的投资家。

最高层次是灵性。灵性的能量包含一个人和直觉联结的能量,以及和其他人、环境、宇宙智慧联结的能量。一个人如何觉察这种能量,如何接受和评价自己的灵性能量,如何创造性地、积极正向地运用这种能量,是自我能量中最不可思议的部分。正如萨提亚在其著作《新家庭如何塑造人》里所说:"我相信我们也有一个管道,通过我们的直觉通往宇宙的智力与智慧。这可以通过冥想、祈祷、放松、感知、发展高自尊、对生命崇敬等方式去触及。我就是这样达到我的灵性的。"[①] 灵性的能量是投资人获得洞见的关键要素,洞见能力并不取决于你的信息量大小,而是关涉你获取关键信息以及对信息深度解读的能力。老子的《道德经》中讲过"为学日益,为道日损",说的是知识和技能,学会的越多越杂乱,而事物的本质和大道,底层原理性的、根本性的知识则越学越简单,越学越少,越接近事物的本源。投资人必须学会在信息不充分的条件下,如何识别并获取关键信息,同时能够排除非关键信息的噪声干扰,进而进行决策。长期的深度觉察会逐渐形成一种聚焦于灵性的能量,此时,投资人会逐步打破成见和条条框框的束缚,获得空前的自由体验,觉知到智力层面难以触及的洞见。这种开悟获得的智慧,让投资人获得了真正的洞见,在这个项目的判断上,你已经领先了普通投资

---

① [美]维吉尼亚·萨提亚.新家庭如何塑造人.2 版.易春丽,叶东梅,等译.世界图书出版公司,2018:351.

人几个身位了。

投资大师邓普顿认为，一个投资人靠投资取得的财富，是由这个人的内在财富决定的。投资人的心灵犹如一个容器，这个容器越小，能够承载的压力就越小，能够看到的世界也愈发狭隘。投资人的心性修炼就是要不断扩大这个容器，让心灵获得更大程度的自由，所谓海纳百川、有容乃大，投资人心灵扩容的过程就是内在财富的积累过程。

五、投资人性修炼历程

投资人心理能力修炼必须扎根于投资实践的土壤，这与六祖惠能的入世修行是一个道理。《坛经》说："佛法在世间，不离世间觉，离世觅菩萨，恰如求兔角。"意思是离开世间的工作学习去寻找智慧解脱，就像去找一只长角的兔子。

1. 投资人心理成长五关

杰出投资人心理强大固然有天生的因素，不可否认，后天的修炼也至关重要。根据我自身20年的股权投资经历，我体会投资人心理成长之路要过如下重要的关键节点：

一过亏损关。投资人不是专家学者，本质上是个生意人，而且做的是不确定性决策为常态的生意。查理·芒格在多次演讲中强调，如果你不能承受50%以上的亏损，是不适合以投资为业的。对于股权投资来说，这个亏损的幅度只会更大，踩坑的项目亏损往往是百分之百的。我自己20年的投资生涯，也有一个几乎全军覆没的项目，让我备受LP的责备和刁难。这个几乎全部亏光的项目的教训刻骨铭心，让我后来在项目选择上和退出时机的把握上，获益最多。

二过平庸项目处置关。对于任何投资机构来说，平庸项目的数量往往是最多的，所以，对于平庸项目的处置水平，往往是投资人

第九章
投资决策的核查与觉察

成熟与否的分水岭。对于大多数项目来说,在投资后的两到三年,已经能够初步判断出项目的质量高下以及前景如何。对于已经确认的平庸项目,必须快刀斩乱麻,及时处置。这类项目资产回收的时间窗口非常宝贵和极其有限,如果拖泥带水,错过了最佳处置时机,这个平庸项目就有可能变成糟糕项目。处置得当,不但能够保住本金,可能还有点财务收益;处置不当,可能鸡飞蛋打,甚至本金灭失。

三过业绩波动关。股权投资人是以上市前的中小企业为投资对象的,这些企业在投资后的发展往往是一波三折,甚至九死一生。菜鸟投资人在企业业绩明显下滑甚至亏损时,经常会惊慌失措,不顾合同约定,干扰企业的正常经营。但成熟的投资人却会冷静分析企业的问题究竟是长期问题还是短期问题,如果是短期问题,就会主动帮助企业分析并协助解决问题。危难之中投资人对企业及企业家的帮助,一旦企业发展好了,投资人和企业家将会确立长期的战略伙伴关系;即使企业发展不如预期,企业家也有可能会遵守承诺,尽力让投资人全身而退。

四过逆向勇气关。沃伦·巴菲特有句经典口头禅:"别人贪婪你恐惧,别人恐惧你贪婪。"就是对逆向勇气的最通俗的诠释。杰出投资人最经典的案例往往是逆向投资,更是集中投资,也就是看对了、看准了,要有押上全部家当(All-in)的勇气。沃伦·巴菲特当年持有美国运通股票,占其所有资产的 40%。只有过了逆向投资和集中投资这一关,才有可能成就投资大业。

五过戒骄戒躁关。投资人是以极其有限的智慧来面对广袤无垠且波涛汹涌的投资商海,因此,必须时时保持谦卑之心。翻开近百年的投资历史,可以发现昙花一现的投资人如过江之鲫,数不胜数。但常青树却寥若晨星,凤毛麟角。最主要的原因就是小有所成的投资人内心膨胀,高估了自己的能力圈,从而走上了一条极其危险的倾覆之路。投资犹如战场,骄兵必败的悲剧在投资商海也屡屡上演。谦虚不仅是投资人性树上理性的重要特质之一,其他四个理性特质的保持和修炼与谦虚也不无关系。

投资人必须在投资的"事"上修炼,以上五关体验到的感受,包括果敢、风险、耐心、平和、谦虚,这些体验不断被看见并强化,就是自身理性力量生长壮大的历程。

2. 我的投资人性树

为了更好地呈现投资人性的修炼历程,下面以投资人性树作为觉察工具,画出我自己前后十年两次的投资人性树,可以直观地展示我的投资人性的静态及动态两个画面,尤其看见自己投资人性中的更新部分。这种更新既是投资实战历练和时间双重影响的结果,也是投资实战能力提升的内在标志。投资人性树是投资人的全面觉察工具。

通过回顾,我画出了2009—2013年当时自己的投资人性树,由四个部分构成:一是贪婪部分。2008年底,我新组建了私募股权投资基金,在现实压力下,我的投资风格比较激进,连续投资了几个股权项目。图上可见,在2009—2011年期间,我过度乐观、自大炫耀、群体认同特质明显,其他两个特质不明显就以虚线表示。二是恐惧部分。2012—2013年期间,基金前期投资的几个项目几乎都出现了不同程度的问题,如报表注水曝光、上市折戟、企业团队分裂等等。当时悲观失望、心理否认特质明显,其他三个恐惧特质不明显,就用虚线表示。三是条条框框部分。这部分是长在人性树主干上的,用较大的黑体字显示,表明当时头脑里条条框框的成见很多,不止一次错过了优质项目,投了一些今天看来难以理解的项目,条条框框是通向理性之路上最大的拦路虎。四是理性部分,那几年理性部分的五个特质几乎都迷失不见,唯一的风险意识,还在必须完成投资任务的外在压力下被迫放弃了。所以,理性部分的树干和树叶全部用虚线表示。

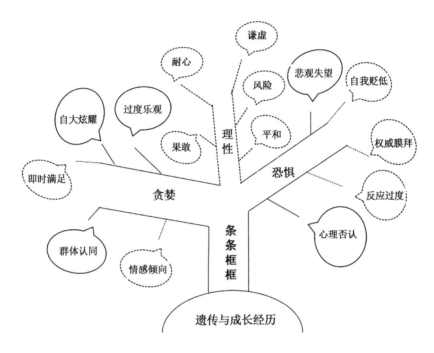

图 9-8　2009—2013 年我的投资人性树

2023 年,通过觉察,我画出了当下自己的投资人性树,体验了当下的性情,看见了我的投资人性树的某些更新。一是贪婪部分,树干变细了,过度乐观、自大炫耀两个特征依然存在,但已经变小了,群体认同已经不见了,变成了虚线。二是恐惧部分,树干变细了,除了心理否认以外,其他四个恐惧特质几乎都不明显了,心理否认树叶依然以实线表示但变小了,树干和除心理否认以外的四个特质树叶全部以虚线表示。三是条条框框依然存在,但已经较十年前，变小了，也变少了，以主干变细和字体变小表示。四是理性部分，树干变粗了，也变成了实线。果敢、平和、风险、耐心四个特质已经不止一次体验到了，尽管还不那么突出，所以用小的树叶表示。特别要强调的是，谦虚依然用虚线表示，就是目前还做不到虚怀若谷，因此还难以进行深度觉察，没有真正做到"开悟"。我与觉者的差距不仅在于果敢、平和、风险、耐心的大小之上，更在于彼此间隔着"谦虚"这条巨大的人性之河。

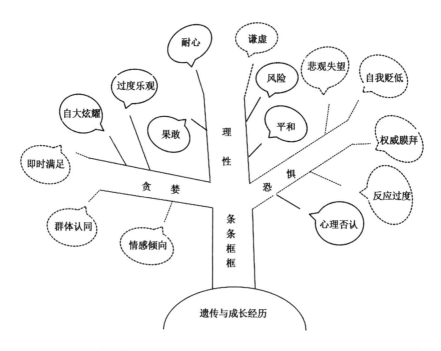

图 9-9　2023 年我的投资人性树（当下）

通过前后十年投资人性树对比，我真切感受到我投资人性各部分的转化及整合，理性力量的逐步生长，表明我投资人性的修炼之旅一直在历程中。

3. 理性的历程

理性是投资人最可贵的心理特质，理性既部分源于天生的生物遗传，更多是后天习得的。投资人随着案例的积累以及时间的砥砺，多数投资人会在思维层面对项目进行复盘，我在此更愿意把这个复盘过程细分为核查和觉察。表明核查和觉察不但体现在项目决策中，而是一直与项目同在，甚至在项目退出后，核查和觉察依然在历程之中。这个历程就是理性不断被看见、应用、体验的过程。尤其要强调的是，风险投资人必须经历若干失败项目及首个成功项目后，其心路历程的体验才足够丰富，成功项目让投资人体验到理性的力量和自己正向导向的生命力。此时此刻，理性的种子才会逐渐生根发芽，日积月累将呈现出枝繁叶茂。

理性的历程是一个追求心灵自由的过程，正如李国飞在其著作《乔布斯、禅与投资》里写道："我越来越意识到人生就是一个不断打破心中那个比较小的笼子，闯入一个更大的笼子的无限循环过程。每打破一个笼子都比较艰难，因为每一个笼子都看起来坚不可摧。

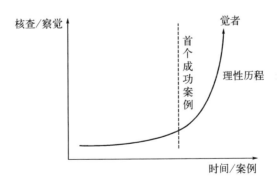

图 9-10 投资人理性历程图

用什么打破笼子呢？用我们内心的力量，这种力量，首先是愿力，即我们必须有强烈的愿望，有没有极大的勇气去打破它；其次是专注力，只有高度专注，如激光一般，我们才能积蓄所有能量去打破它；最后是创新力和洞察力，也就是具体实施的力量，努力尝试一切方法去打破它。"① 所谓投资境界的高低，其实就是你内心笼子的大小，极少数投资人能够达到深度觉察境界，从而成为觉者，由此开启投资的智慧之门。

总之，投资人中非常适合投资的理性人群和非常不适合投资的非理性人群都是极少数，芸芸众生大都以贪婪和恐惧及条条框框的心理特质为主，但又都埋藏有理性特质的种子，这颗种子需要不断被看见、体验和浇灌。在实践中，投资人一方面通过实战和时间的积累逐步提高认知水准，另一方面通过不断的核查、觉察和反思，持续看见并深入了解自己，聆听内心理性的声音，这个历程持续下去，投资人的人性修炼之旅将日益精进，内心理性的种子会不断生长并开枝散叶。投资决策二元思维模式，需要建立在对自己的投资人性之树反复觉察和看见的基础上，更好地对投资人性各部分特质进行转化和整合。此时，投资决策中的理性力量就会逐渐增强并占据主导地位。必须强调的是，投资人的人性修炼之旅一直在历程中，永无止境。

---

① 李国飞.乔布斯、禅与投资.宗教文化出版社，2023：165.

主要参考书目

[1] [美]巴塞尔·范德考克.身体从未忘记.李智,译.机械工业出版社,2019.

[2] [美]查尔斯·埃利斯.长线.吴文忠,吴陈亮,常长海,王元元,译.中信出版社,2016.

[3] [美]戴维·尤里奇.领导力资本.张海宁,符晋,陆沥,译.机械工业出版社,2017.

[4] [日]稻盛和夫.企业家精神.叶瑜,译.机械工业出版社,2021.

[5] [德]赫尔曼·西蒙.隐形冠军.张帆,刘惠宇,刘银远,译.机械工业出版社,2016.

[6] [美]杰瑞·伯格.人格心理学.陈会昌,译.中国轻工业出版社,2019.

[7] [美]杰弗里·摩尔.跨越鸿沟.赵娅,译.机械工业出版社,2019.

[8] [美]杰里米·米勒.巴菲特致股东的信.郝旭奇,译.中信出版社,2018.

[9] 李国飞.乔布斯、禅与投资.宗教文化出版社,2023.

[10] 李录.文明、现代化、价值投资与中国.中信出版社,2020.

[11] [美]露易丝·海.生命的重建.徐克茹,译.中国宇航出版社,2008.

[12] [美]彼得·德鲁克.创新与企业家精神.蔡文燕,译.机械工业出

[13] [美]彼得·考夫曼.穷查理宝典.李继宏,译.上海人民出版社,2012.

[14] [美]乔恩·弗雷德里克森.你在逃避什么.李汐,译.人民邮电出版社,2022.

[15] [美]罗伯特·霍根.领导人格与组织命运.邹智敏,译.中国轻工业出版社,2009.

[16] 冉涛.华为灰度管理法.中信出版社,2019.

[17] [美]苏世民.我的经验与教训.中信出版社,2020.

[18] [美]特兰·格里芬.查理·芒格的原则.黄延峰,译.中信出版社,2017.

[19] [美]维吉尼亚·萨提亚.新家庭如何塑造人.2版.易春丽,叶东梅,等译.世界图书出版公司,2018.

[20] [美]维吉尼亚·萨提亚,等.萨提亚家庭治疗模式.2版.聂晶,译.世界图书出版公司,2019.

[21] [美]沃伦·E.巴菲特.巴菲特致股东的信.劳伦斯·A.坎宁安,编.杨天南,译.机械工业出版社,2018.

[22] 吴建国,景成芳.华为组织力.中信出版社,2022.

[23] [美]约翰·霍兰德.涌现:从混沌到有序.陈禹,方美琪,译.浙江教育出版社,2022.

[24] 张磊.价值.浙江教育出版社,2020.